4피트

혼자는 외롭고 둘은 괴로운
너와 나의 안전거리

4피트

조범상 지음

알에이치코리아

나는 초등학교 4학년 때 오락실에 입문했다. 부모님 몰래 놀러 갔던 오락실은 나에게 이해할 수 없는 승부욕을 일깨웠고, 게임을 하루도 거르지 않는 못된 열정을 심어줬다. 용돈을 모두 탕진하고 부모님께 큰소리를 듣고 나서야 발길을 멈출 수 있었다. 그때 아버지는 이렇게 말했다. "세상에 어떤 것이든 그것이 너의 전부같이 느껴진다면, 무언가 잘못 돌아가고 있는 것이니 되돌아봐야 한다."

직장에 다니는 동안 잘 따르던 선배가 있었다. 함께 일하는 것이 즐거웠고, 선배도 나를 형제처럼 챙겼다. 일하는 방식뿐만 아니라, 직장에서 필요한 처세술과 태도도 모두 그 선배에게 배웠다. 그런 선배가 어느 날 '갑작스러운 사정으로, 친구가 운영하는 작은 회사에서 일하기로 했다'는 말만 남기고 허겁지겁 회사를 떠났다. 3개월이 지나, 선배가 그토록 서둘러 회사를 그만둔 이유를 알 수 있었다. 선배는 단지 작은 회사로 이직한 것이 아니라, 경쟁사로 이직한 것이었다.

선배의 이직으로 회사는 한동안 홍역을 치렀다. 부서장은 임원들에게 경고를 받았고, 팀원들은 정보 부서로부터 회사의 기밀을 누출했는지 조사를 받았다. 나는 선배를 향한 배신감과 실망감으로 큰 상처를 받았다. 그때까지 크게 상처받은 경험이 없었던 나는 이 일을 계기로 사람 사이에서도 적절한 거리가 필요하다는 것을 깨달았다.

사회생활을 하는 동안, 우리는 여러 대상과 관계를 형성한다. 상사, 동료, 후배와 인간관계를 맺기도 하지만, 우리는 우리가 하는 일과도 관계를 맺는다. 이런 관계 속에서 우리는 애착의 정도를 의미하는 심리적 '거리'를 무의식적으로 만든다.

동기나 친한 선배와는 아주 가까운 거리를 두고, 못된 상사나 악질인 부하 직원과는 최대한 멀리 떨어지려고 한다. 우리는 원하는 거리 안에서 기쁨과 만족을 얻기도 하지만, 원하지 않는 거리 때문에 분노와 짜증을 경험하기도 한다.

상하 관계는 '힘power의 거리'로 규정할 수 있다.

　상사라는 직위 자체가 지닌 권력이 있다. 업무 분배와 연봉 결정에 관한 권한을 가지고 있고, 조직 운영에 대한 의사 결정권도 가지고 있다. 이것이 아랫사람에게는 없는, 상사가 가지고 있는 권력이다. 윗사람과 아랫사람 사이에서 발생하는 갈등의 원인은 보통 이런 '힘의 불균형' 때문이다. 조직이 상사에게 부여한 권력으로 인해 아랫사람은 상사의 지시를 따를 수밖에 없는 것이 현실이다. 윗사람이라고 인정하고 싶지 않거나 상사가 지시한 일이 마음에 들지 않더라도 말이다. 이런 불균형이야말로 윗사람과 아랫사람이 서로 거리감을 느끼는 본질적인 이유인 것이다. 그렇다고 무턱대고 지나치게 가깝게 지내도 상처받고 견제받는 것이 또 상하 관계다.

　따라서 윗사람은 힘을 적절하게 사용하고, 아랫사람은 윗사람과 심리적 거리를 잘 조절하는 것이야말로 사회에서 현명하게 생존하기 위한 가장 중요한 기술이다.

'호감과 비호감'은 동료 사이의 거리를 나타낸다.

　서로 호감을 가지고 있는 동료들끼리는 심리적 거리가 가깝기 때문에, 쉽게 대화를 나누고 도움을 주고받을 수 있다. 일처리를 할 때도 수월하다. 그러나 호감이 지나쳐도 문제다. 실패한 짝사랑이 시리고 아린 것처럼, 가장 큰 상처를 주는 것도 다름 아닌 평소 아끼던 동료일 때가 많다. 게다가 동료 사이에서는 작고 하찮은 문제만으로도 큰 상처를 받을 수 있다. 가까운 사이일수록 상대방에게 더 큰 기대를 거는 법인데, 그 기대가 어긋나기 때문이다.

　좋지도 싫지도 않은 먼 동료는 이방인에 가깝다. 같은 공간에서 일하더라도 상대에 대한 호기심이 생기지 않고, 어떤 주제로 대화를 해야 할지도 막막하다. 그냥 내 옆에 앉아 있는 사람일 뿐이다.

　당신이 동료들한테 이런 사람으로 여겨지고 있다면, 당신도 이방인이나 다름없는 셈이다. 어쩌면 동료들은 당신을 '원래 특이한 사람'이나 '혼자 있기를 좋아하는 사람'으로 생각하고 있을지도 모른다.

4피트

일과 나 사이에도 거리가 존재한다.

　　업무와 거리가 지나치게 가까우면, 소위 '워커홀릭'이 된다. 워커홀릭은 일과 휴식을 구분하지 못한다. 일을 손에서 놓지 못하고, 일을 하지 않는 상태를 두려워한다. 휴가를 가서도 업무용 이메일을 체크하고, 메신저로 업무 지시를 내려야 비로소 자신이 살아 있다는 느낌을 받는다. 자신도 모르게 이런 식으로 강박적으로 행동하는 것은 초등학교 4학년짜리가 게임 중독에서 헤어나지 못하는 것과 아무런 차이가 없다.

　　일과 거리가 너무 멀리 떨어져 있으면, 방관자처럼 무언가를 하려는 의지마저 상실할 수 있다. 무기력해지는 것이다. 일이 하기 싫어지면, 계획을 세우지 못하고 자꾸 일정을 미루기 쉽다. 마감 날짜를 미루다 못해 해야 할 일도 잊는 상황에 처할 수 있다.

4피트, 모든 관계에는 적당한 거리가 필요하다.

추운 겨울, 고슴도치 몇 마리가 온기를 잃지 않으려고 모이기 시작했다. 그러나 가까워질수록 고슴도치들은 자기 몸에 있는 가시로 서로를 찔렀고, 결국 다시 멀리 떨어질 수밖에 없었다.

들어가는 글

멀리 떨어진 고슴도치들은 추위를 견딜 수 없어 다시 모였다가 떨어지기를 여러 번 반복했다. 마침내 추위에 얼지 않을 정도로 온기를 유지하면서도, 서로를 찌르지 않을 수 있는 적절한 거리를 찾아냈다.

사람을 둘러싼 모든 대상들도 이 우화 속 고슴도치와 크게 다르지 않다. 그것들은 냉혹한 현실을 견딜 수 있도록 만들기도 하지만, 너무 가까워 가시로 상처를 줄 수도 있다. 그래서 치우치지 않고 적절한 거리를 유지하는 관계가 중요하다.

미국의 인류학자 에드워드 홀Edward T. Hall과 여러 연구자들에 따르면, 대인 관계는 크게 네 가지 구역으로 나뉠 수 있다. 첫째는 '연인 또는 가족과의 거리'인 1.5피트(약 46센티미터) 이내를 말하고, 둘째는 '친구와의 거리'인 1.5피트에서 4피트(약 1.2미터) 사이를 뜻한다. 셋째는 '사회적 거리'인 4피트에서 12피트(약 3.7미터) 사이이고, 12피트 이상은 강의나 연설과 같은 공적인 활동이 이루어지는 '공적인 거리'를 의미한다.

예를 들어, 친밀하지 않은 상대가 사회적 거리의 가장 안쪽 경계인 4피트 안으로 자신에게 접근하면 불쾌감과 스트레스가 발생하고, 가까운 사람이 4피트 밖으로 멀어지면 점점 친밀감을 잃고 관계가 소원해지기 쉽다는 것이다.

결국 4피트라는 물리적 거리를 우리가 심리적으로 어떻게 이해하고 받아들이는지에 따라 사회생활 안에서 관계에 대한 만족도가 결정된다. 4피트가 단순히 물리적인 거리만 나타내는 것이 아니라, 심리적인 거리도 의미하는 것이다. 사회적 관계에서 심리적인 거리가 4피트보다 짧다면 대상과 너무 가까운 관계를 형성하고 있는 것이고, 그보다 지나치게 멀다면 제삼자 또는 이방인의 관계를 형성하고 있는 것이다. 서로 다른 여러 관계들 안에서 알맞은 심리적 거리를 찾고 유지한다면 보다 균형 잡힌 일상생활을 이어갈 수 있을 것이다.

조범상

차 례

1장

내겐 너무
가까운 당신

자기만의
공간

미국의 인류학자인 에드워드 홀은 동물의 행동을 연구하면서 몇 가지 흥미로운 사실을 발견했다. 첫째로, 생명체는 모두 저마다 자기 영역을 설정해 다른 생명체가 침범하는 것을 용납하지 않는다는 것이었다. 그는 이 자기 영역을 '영토권'이라고 불렀다. 영토권은 자기가 편안하게 행동할 수 있는 놀이 공간이자 은신처로, 한마디로 '내 땅, 내 구역'을 의미한다.

둘째로, 생명체가 영토권 말고도 거리에 대한 여러 가지 개념을 가지고 있다는 점이었다. 대표적으로 '임계 거리critical distance'가 있다. 임계 거리란 동물들이 포식자에게 잡아먹히지 않고 달아날 수 있는 최소한의 거리를 말한다. 임계 거리 안에 있는 얼룩말은 사자에게 잡아먹힐 확률이 높기 때문에 어떻게든 그 거리 안에 들어가지 않으려고 발버둥 친다. 반대로 사자는 얼룩말을 사냥하기 위해 어떻게든 얼룩말의 임계 거리 안에 들어가려고 안간힘을 쓴다. 일반적으로 생명체의 몸집은 이 거리와 높은 연관성을 보인다. 몸집이 큰 동물일수록 포식자로부터 최소한으로 떨어져 있어야 하는 거리가 더 크다. 영양은 포식자로부터 적어도 500미터 떨어져 있어야 하지만, 도마뱀은 1.8미터만 떨어져 있어도 생존할 수 있다.

같은 종끼리도 굉장히 가까운 거리를 유지하려고 하는 생명체가 있는 반면, 서로 붙어 있는 것을 싫어하는 생명체도 있다. 예를 들어, 하마, 돼지, 잉꼬, 황제펭귄, 고슴도치는 서로 붙어 있으려고 한다. 특히 황제펭귄은 추위를 이겨내기 위해 떼를 지어 다닌다. 말, 고양이, 매 같은 동물은 서로 붙어 있는 것을 좋아하지 않는다. 동물심리학자 하이니 헤디거Heini Hediger는 동물들 사이에는 이렇게 자기들끼리 유지하는 거리가 있다고 생각했다. 이 거리는 생명체를 에워싸는 보이지 않는 거품처럼 작용하는데, 맹수들은 무리끼리 서로 먼 거리를 유지하

4피트

지만, 잡아먹힐 위험이 큰 동물들은 서로 더 좁은 거리를 유지하는 경향이 있다.

　사람에게도 보이지 않는 '자기만의 공간'이 있다. 이 공간은 자신과 다른 사람들 사이에서 습관적으로 생기는 물리적 거리다. 사람은 다른 누군가가 이 공간을 침범했다고 생각하면, 불편해하고 심지어 위협을 느끼기도 한다. 그래서 이 공간은 '신체 보호 영역'이라고도 불린다. 어느 연구에 따르면, 폭력 범죄를 저지른 전과자들은 평범한 사람들에 비해 이 영역이 훨씬 더 넓다.

　이 공간을 형성하는 여러 요인들이 있다. 눈을 마주치는 횟수, 웃음의 빈도, 대화를 나눌 때 친밀한 정도가 대표적이다. 이런 요소들은 인간관계에서 상대가 접근하거나 회피하도록 만드는 힘으로 작용해 어떤 균형 거리를 형성한다. 예를 들어, 눈을 마주치는 것은 상대를 알고자 하는 '접근하는 힘'으로 작용하는 반면, 눈을 마주치지 않는 것은 노출을 두려워하는 '회피하는 힘'으로 작용한다. 이 두 힘이 적절한 수준에서 균형을 만들고, 서로에 대한 거리를 만드는 것이다. 친구들 가운데 어깨동무를 편하게 할 수 있는 사람도 있지만 그렇지 않은 상대

도 있는데, 그 이유도 여기에 있다.

자기만의 공간은 크기나 경계가 일정하지 않고 다양하다. 인종에 따라서도 다르다. 섬세한 독일인들은 보다 개방적인 미국인들보다 개인의 공간에 대한 경계가 훨씬 더 명확하다. 프랑스인이나 아랍인들은 자기만의 공간이 더 작기 때문에, 더 쉽게 친해질 수 있다고 한다. 흑인은 백인보다 개인적 공간이 더 넓어서 쉽게 다가가기 어렵다는 연구 결과도 있다. 성별에 따라서는 일반적으로 여성이 남성보다 개인 공간이 더 넓다.

성장 단계에 따라서도 개인의 공간은 변한다. 어릴 때는 개인의 공간이 좁은 편이어서 또래 아이들과 쉽게 친해질 수 있고, 다른 사람에 대한 경계심도 적은 편이다. 그러나 성장할수록 개인의 공간은 더욱 넓어진다. 사춘기에는 자기만의 확고한 공간이 만들어지고, 부모조차도 그 공간을 침범하도록 두지 않는다.

개인의 공간은 성격에도 영향을 받는다. 외향적인 사람은 개인의 공간을 좁게 형성해, 다른 사람들이 쉽게 다가갈 수 있도록 만든다. 물론 상대가 동성인지 이성인지 따라 차이는 있다. 외향적인 사람일지라도, 동성보다는 이성과 더 거리를 두는 편이다.

정서적인 상태에 따라 개인의 공간이 달라지기도 하는데, 심리 불안이나 정서장애를 가진 사람들은 상대적으로 자기만의 공간을 넓게 형성해 다른 사람과 더 먼 거리를 둔다. 또 상대의 특성에 따라 개인적인 공간이 좁아지기도 넓어지기도 한다. 자신에게 친절하고 호의적인 사람에게는 경계심이 줄어들어 개인의 공간이 작아지지만, 정상이 아니거나 의심스러운 사람에게는 다른 사람에게 두는 거리보다 더 멀게 개인의 공간이 형성된다.

주변 환경도 개인적인 공간을 형성하는 데 영향을 미친다. 큰 방에서는 개인의 공간 크기가 줄어들지만, 작은 방에서는 반대로 늘어난다. 좁은 공간일수록 상대에 대한 경계심이 더 크게 작동하기 때문이다. 비슷한 맥락으로, 천장의 높이가 낮을 때보다 높을 때 개인의 공간은 더 좁아지는 경향이 있다. 두 가지를 종합해보면, 처음 만나는 사람에게 호감을 얻고 싶다면 천장이 낮고 협소한 카페보다는, 천장이 높고 넓은 카페에서 만나는 것이 더 유리하다고 할 수 있다.

사회생활을
결정짓는 거리, 4피트

개인의 공간은 무엇보다도 대인 관계를 반영한다. 자신이 가족이나 연인, 친구나 직장 사람들과 얼마나 거리를 두는지가 상대방과 어떤 관계인지를 설명한다는 뜻이다. 그래서 적절한 거리 두기가 원만한 관계를 만들기도 한다. 그러나 우리가 서로 다른 여러 관계를 형성하고 살아가는 만큼, 적절한 거리라는 것도 사람마다, 또 관계마다 다르다.

연인과의 거리

거리를 다양한 형태로 분류할 수 있는데, 다른 사람에게 허용할 수 있는 가장 가까운 거리는 손이 닿을 수 있는 거리로, 1.5피트(약 46센티미터) 이내를 말한다. 이것을 '연인과의 거리' 또는 '가족과의 거리'라고 부르기도 한다. 연인과 작은 목소리로 속삭이며 사랑을 나눌 수도 있고, 가족끼리 토닥이며 격려할 수 있는 거리이기도 하다. 가깝지 않은 사람들끼리는 잘 내어주지 않는 거리이기도 하다.

그러나 이 거리는 자신을 위협하는 사람과 격하게 몸싸움을 벌일 수 있는 거리이자, 자신이 싫어하거나 자신에게 익숙하지 않은 사람을 밀쳐낼 수도 있는 거리다. 우리는 다른 사람에게 이 공간을 잘 내주지 않기 위해 무의식중으로 무던히 애를 쓴다.

지하철에 사람들이 앉는 순서를 가만히 살펴보면, 어느 한쪽 끝에 사람이 앉으면 그다음 사람은 반대쪽 끝에 앉고, 그후에는 한 칸 떨어진 자리에 앉는 식으로 빈 공간을 채워나가는 것을 관찰할 수 있다.

엘리베이터에서도 마찬가지다. 혼자 타고 있는 엘리베이터에 다른 누군가가 탑승하면, 사람들은 서로 약속이라도 한 것

처럼 이쪽저쪽 모서리로 움직여 자리를 잡는다. 네 모서리가 채워지면, 그다음에 탑승하는 사람은 가운데에 위치를 잡는다. 의식적으로든 무의식적으로든 알지 못하는 다른 사람과 거리를 두고 싶어하는 것이 사람들의 심리인 것이다.

친구와의 거리

일반화하기는 힘들지만, 사회생활을 하면서 알게 된 지인이나 동료 들보다 초등학교·중학교 시절의 친구들이 훨씬 더 가깝게 느껴지고는 한다. 아무래도 사회생활을 하다 보면 서로 상하 관계나 경쟁 관계에 있기 때문에, 상대를 의식하고 이해득실을 따질 수밖에 없다.

학창 시절 친구들처럼 친한 사람들과 형성하는 거리는 평균적으로 46센티미터에서 1.2미터 이내로 알려져 있다. 이 거리를 '우정의 거리'라고도 부른다. 이 거리 안에서 우리는 친한 사람들과 대화를 나누기도 하고, 어깨동무와 같은 신체적 접촉으로 친근감을 표현하기도 한다. 다른 사람과 이 거리보다 가까이 있다면 그 사람과 함께 있는 것이 편하다는 것을 의미한다. 또 누군가와 친해지고 싶다는 것은 이 공간 안으로 진입하고 싶다는 것을 의미하기도 한다.

사회적 거리

가족처럼 피를 나누거나 어렸을 때부터 알고 지낸 친구는 아니지만, 함께 일을 하고 자주 마주쳐야 하는 직장 사람들과는 어느 정도의 거리가 적당할까?

사람과 사람 사이의 거리를 연구한 학자들에 따르면, 연인이나 가족에게 허용하는 거리보다는 멀지만, 무대와 관객석 사이의 거리보다는 가까운 4피트(약 1.2미터)가 가장 적절한 '사회적 거리'다.

사람과 사람의 심리적 거리는 다양한 방법으로 측정될 수 있다. 심리적 거리는 물리적 거리와 밀접하기 때문이다. 손쉬운 방법은 펜과 종이를 사용하는 것이다. 먼저 백지를 방이라고 생각하고, 그 가운데에 작은 동그라미를 그린다. 그리고 16센티미터의 가로줄과 세로줄을 그린다. 작은 동그라미를 중심으로 직교하도록 말이다. 동그라미는 자기 자신을 뜻하고, 가로줄과 세로줄의 끝은 각각 동쪽, 서쪽, 남쪽, 북쪽 방향에 있는 문을 의미한다. 이제 부모나 직장 상사 또는 친한 동료가 이 문을 열고 들어와서, 중앙에 있는 자신에게 접근한다고 해보자. 당신은 상대가 어디까지 접근하도록 허용할까?

중간 지점에서 각 방향 끝까지를 점수로 환산할 수 있다. 예를 들어, 1센티미터를 10점으로 환산할 수 있다. 그러면 각 방향마다 80점이니까, 네 방향의 점수를 합한 320점이 최고 점수가 된다. 점수가 낮을수록 당신과 상대방의 거리는 가깝다고 할 수 있다. 이 방법은 심리적 거리를 정확히 측정하기보다는 여러 사람들 가운데 상대적으로 자신에게 더 가깝거나 먼 사람을 찾는 데 보다 유용하게 쓰일 수 있다.

심리적 거리를 측정하는 다른 방법도 있다. 실제로 사람이 자신에게 다가올 수 있는 거리를 측정하는 것이다. 어느 기업의 교육 시간에 있었던 일이다. 강사는 교육생들에게 다음과 같이 질문했다. "다른 사람과 어느 정도 떨어져 있어야 편안함을 느끼나요?"

1미터부터 30센티미터까지 다양한 답변이 쏟아졌다. 교육생들이 각자가 답변한 거리를 체감하도록 하기 위해, 강사는 한 교육생을 교육장 한가운데에 세웠다. 그리고 다른 동료 직원이 3미터 정도 떨어진 곳에서부터 그 교육생을 향해 한 걸음씩 다가오도록 했다. 동료 직원이 여덟 걸음을 다가왔을 때, 교육생은 "정지"를 외쳤다. 가운데 서 있던 교육생은 얼굴이 벌게진 채로 어색함과 불편함을 드러냈다.

이 방법이 보여주는 것처럼, 사람 사이에는 심리적 거리에 비례하는 적당한 물리적 거리가 존재한다. 누군가와 심리적으로 가까운 사이라고 말하는 것은, 물리적으로도 두 사람 사이에 허용할 수 있는 거리가 매우 가까운 것을 뜻한다.

문제는 적당한 거리가 사람과 관계마다 다르다는 점이다. 우리는 이 불일치 때문에 자주 스트레스를 받는다. 예를 들어, 상사와 관계가 좋을수록 직장 동기들과 좋은 사이를 유지하기가 힘들어지기도 한다. 상사에게 인정받는 모습이 동기들에게는 아부를 떠는 모습처럼 비칠 수도 있다. 후배들에게는 인기가 좋지만, 상사들에게는 미움을 받는 경우도 흔하다. 후배들을 알뜰히 챙기는 동안, 부하 직원이나 임원으로서 맡아야 할 역할에 소홀할 수도 있기 때문이다.

또 선배라고 모두 같지도 않고, 직급이 같은 부하 직원이라고 다 똑같지도 않다. 어느 날 직장 생활 2년 차에 접어든 후배가 나에게 커피 한 잔 사달라며 말을 걸어왔다. 업무 이야기뿐만 아니라 개인적인 이야기까지 스스럼없이 나누던 사이라서 기분 좋게 응했다. 그러나 후배는 평소와 달리, 안 좋은 일이라도 있는 것처럼 얼굴에 웃음기가 없었다. 후배는 걱정이 있다고 했다.

"선배들을 어떻게 대해야 할지 잘 모르겠어요. 다들 성격이 달라서요. 똑같은 행동을 해도, 어떤 선배는 언짢아하고 어떤 선배는 잘했다고 해요. 어느 장단에 맞춰야 할지 감도 안 잡혀요. 얼마 전까지는 나름 직장에 잘 적응하고 있고 동기들보다 일도 잘하고 있다고 생각했는데, 이제는 선배들이 나를 어떻게 평가할지 궁금하고 걱정돼요."

후배의 고민을 들으면서 '이제 신입 생활 끝, 직장 생활 시작'이라는 생각이 들었다. 사회생활의 대부분을 차지하는 것은 사실 이런 인간관계이기 때문이다. 누구나 자기 지식과 능력으로는 해결하기 어려워 보였던 일들을 예상치 못한 동료의 도움으로 해결했던 경험을 떠올릴 수 있을 것이다. 승진이나 평가도 인간관계로부터 자유로울 수 없다. 회사에서 한창 주목받던 팀장이 팀원들과 잘 어울리지 못해 임원으로 승진하지 못하는 것을 보기도 했다. 그러니 사회생활이라는 것을 사람과 분리해 생각할 수 없는 것이다.

직장인이라면 사람을 대하는 것이 두려워지는 경험을 가지고 있을 것이다. 지금까지는 그런 경험이 없다고 하더라도, 연차가 오르고 맡은 역할이 커지면 결국 마주하게 될 일이다. 아주 정상적인 일이고 당연한 일이다. 심지어 동료에게 이용당하거나 믿었던 사람에게 상처받고, 잘 알지 못하는 동료들 때문에 일이 어그러지는 곳이 바로 직장이기 때문이다.

그러나 이렇게 인간관계가 힘들어지면, 스스로가 초라해 보이고 자신감도 점차 사라진다. 처음 보는 사람과 함께 있는 것이 힘들어지고, 이유 없이 불안해지기도 한다. 사람 만나는 것에 압박감을 느끼고, 그러다 보니 잘 아는 것도 대답하기가 점점 어려워진다.

심리학에서는 이 상태를 두고 '자아존중감 self-esteem'을 상실했다고 말한다. 자아존중감은 일반적으로 자기 자신이 가치 있는 사람이고, 누구에게나 도움을 줄 수 있는 사람이라고 느낄 때 생긴다. 그렇다고 개인의 감정만으로 형성되는 것은 아니고, 주변 사람들이 자신을 어떻게 생각하고 자신에게 어떻게 반응하는지에 따라서도 달라진다. 특히 자신에게 의미 있고 영향력 있는 사람들의 관심이 자아존중감에 큰 영향을 끼친다. 그들과 함께하는 경험도 커다란 영향을 미친다. 보통 어렸을 때는 부모님, 학창 시절에는 선생님과 친구, 사회생활을 할 때는 직장 상사와 동료가 그런 사람들이다. 이들이 자신을 중요한 존재로 평가하고 가치 있는 존재로 대우할 때 자아존중감은 높아지지만, 반대일 경우 자아존중감은 곤두박질친다.

다른 사람이 자아존중감에 이토록 커다란 영향을 미치는 이유는 인간이 결국 '사회적 동물'이기 때문이다. 진화론의 관점에서 생각한다면, 다른 사람들의 인정에 민감하지 않은 사람은 사회로부터 배척당해 결국 도태되었을 것이다. 달리 말하자면, 자아존중감이 높은 사람은 타인에게 거절당하거나 배척당할 가능성이 낮다고 여기기 때문에, 주변 사람들의 평가에 크게 연연해하지 않고 스스로를 중요하게 생각할 수 있는 것이다. 반면 자아존중감이 낮은 사람은 스스로 주변 사람들에게 배척당할 가능성이 높다고 생각하기 때문에 다른 사람들의 평가에 예민하다.

관계가 만들어낸 자아존중감은 타인을 대하는 태도에서 그대로 드러난다. 자아존중감이 낮은 사람들은 열등감에 사로잡히거나 열정을 잃어버린 채로 자기 안으로만 숨으려고 한다. 다른 사람이 무심코 던진 한마디에도 크게 상처를 받는다. 상대방의 반응에 예민해지는 것이다. 심각할 경우, 받은 상처를 되돌려주기 위해 폭력적인 행동을 일삼기도 한다.

반면 자아존중감이 높은 사람들은 성취 욕구가 강하고, 사람들에게 긍정적인 이미지를 심어주고, 나아가 사람들을 이끌고자 한다. 다른 사람에게 우호적이고, 배려에 능숙하며, 분노를 잘 조절한다. 상처받는 말과 행동을 경험하더라도, 낙담하기보다는 쉽게 극복해내는 편이다.

그렇다면 내 자아존중감의 수준은 어느 정도일까? 스스로 진단해보자. 자아존중감이 낮아진 상태는, 인간관계에 문제가 생겼다는 신호다.

다음 페이지에 등장하는 평가표를 작성해보자. 질문 가운데 3번, 5번, 8번, 9번, 10번은 부정적인 특성을 나타내는 것이기 때문에 '전혀 그렇지 않다'가 4점, '매우 그렇다'를 1점으로 계산해야 한다. 총점은 10점에서 40점까지이며, 점수가 낮을수록 자아존중감이 낮다. 총점이 30점 이상이면 자아존중감이 높은 수준, 20점 이하라면 낮은 수준으로 판단해야 한다.

스스로에 대한 평가	전혀 그렇지 않다	그렇지 않다	그렇다	매우 그렇다
1. 다른 사람만큼 가치 있는 사람이라고 생각한다.	1	2	3	4
2. 나는 장점을 많이 가지고 있다.	1	2	3	4
3. 가끔씩 실패한 삶을 살고 있다고 생각한다.	4	3	2	1
4. 공부나 일이나 남이 하는 만큼은 하는 것 같다.	1	2	3	4
5. 스스로 별로 내세울 것이 없다고 생각한다.	4	3	2	1
6. 나 자신에 대해 긍정적인 태도를 가지고 있다.	1	2	3	4
7. 대체로 스스로에 대해 만족한다.	1	2	3	4
8. 스스로를 좀 더 존중해야겠다고 생각한다.	4	3	2	1
9. 스스로를 쓸모없는 존재라고 생각하는 편이다.	4	3	2	1
10. 종종 자신이 머리가 나쁘고 실력이 없다고 생각한다.	4	3	2	1

총 점　(　　　　)점/40점 만점

균형 이론, 공평성 이론, 귀인 이론

'약장수'라는 별명을 가진 선배가 있었다. 아는 것도 많고, 사람들 앞에서 말하는 것을 좋아했다. 회의할 때는 자신의 생각을 여러 사례와 이론을 곁들여 거침없이 쏟아냈다. 그러나 약장수 선배와 같은 학교 출신에 비슷한 또래인 새 경력 사원이 입사하면서 문제가 불거졌다.

특히 회의할 때가 문제였다. 서로 목소리가 높아지고, 그러다 보니 회의 시간은 늘 길어졌다. 자기 말만 할 뿐, 두 사람 모두 상대방의 목소리에 귀를 기울이지 않았다. 게다가 둘 다 입을 열면 그칠 줄 모르니, 당연히 회의 시간이 길어질 수밖에 없었다.

자기주장이 강하다는 특징은 혼자 있거나 자신보다 자기 주장이 약한 사람들과 있을 때는 문제가 없지만, 똑같이 자기 주장이 강한 사람과 부딪힐 때는 꼭 문제를 일으킨다. 자기주장이 강한 것만 그렇지도 않다. 화를 잘 내는 것부터, 조용한 것, 말이 많은 것, 앞장서기를 좋아하는 것, 느리지만 꼼꼼한 것까지, 사람들이 각자 가지고 있는 고유한 특징들은 어떤 사람과 함께하는지에 따라 문제를 일으키기도 하고 해소되기도 한다. 인간관계는 자신이 지닌 특성뿐만 아니라 상대방이 가지고 있는 특성에도 크게 의존하기 때문이다. 대인 관계는 여러 사람들의 상호작용을 통해 형성되는 것이다. 다행히도, 관계가 형성되는 몇 가지 메커니즘을 이해하면, 인간관계에서 발생하는 여러 문제를 해결할 수 있다.

불균형을 균형으로

먼저 균형 이론balance theory이 있다. 균형 이론에 따르면, 사람에게는 심리적 안정감을 유지하기 위해 자신이 가지고 있는 생각과 행동 사이에 조화를 추구하는 경향이 있다. 이 경향은 생각과 행동 사이에 불일치가 발생하면, 균형을 찾아 기존에 가지고 있던 태도를 적극적으로 변화시키기도 한다. 또 사람에게는 자기 생각과 행동의 불일치를 극복하려는 성향만큼이나, 관계에서 발생하는 부조화를 극복하려는 성향이 있다.

균형 이론은 한 사람의 심리 변화가 세 가지 요소로 이루어진 삼각관계에 영향을 받는다고 말한다. 세 가지 요소는 각각 자신과 상대방, 그리고 두 사람과 관련이 있는 특정 대상이다. 균형 상태인지 아닌지는 간단한 계산을 통해 알 수 있다. 각 요소들 사이의 긍정적인 관계는 '+1', 부정적인 관계는 '−1'로 생각하고 세 가지 관계의 점수를 곱한다. 곱한 결과가 양수일 경우 내 심리는 균형 상태이고, 음수일 경우 불균형 상태다. 심리가 불균형 상태에 있다면, 태도를 바꿈으로써 다시 균형 상태로 돌아가 심리적 안정감을 회복할 수 있다.

예를 들어, 축구를 좋아하는 김 대리가 박 대리를 싫어한다고 해보자. 그리고 어느 날 김 대리가 박 대리도 축구 광팬이라는 사실을 알게 되었다고 해보자. 이럴 경우 김 대리, 박 대리, 축구, 세 요소들 사이의 관계를 곱한 결과는 '−1'로 음수일 텐데, 이때 균형 이론은 김 대리가 축구 팬이라는 공통점으로 박 대리에 대한 태도를 변화시켜 심리적 균형을 맞출 수 있고, 또 맞추려고 한다고 예측한다.

당신이 나에게 한 만큼 나도

대인 관계를 형성하는 또 다른 원리는 '공평함'에서 찾을 수 있다. 대다수 사람들은 공평하게 행동하는 것이 바람직하다고 생각하기 때문에, 대인 관계에서도 자기가 노력하고 투자한 것에 비례해 공평하게 대우받기를 원한다. 공평하게 대우받지 못했을 때, 사람은 쉽게 불안정한 심리 상태에 놓인다.

어떤 관계가 공평한지는 내가 투입한 것과 그것에 따른 결과 사이의 비율이 상대의 비율과 동일한 것인지를 보고 판단할 수 있다. 다시 말해, 다음과 같은 식을 통해 판단할 수 있다. 아웃풋 output(나)/인풋 input(나)=아웃풋 output(상대)/인풋 input(상대). 이 식이 성립할 때 비로소 우리는 공평하다고 인식한다.

관계가 불공평하다고 여기면, 사람들은 불쾌함과 불안함을 느끼고 상황을 바꾸려고 한다. 상황을 바꾸는 데에는 크게 두 가지 방법이 있다. 첫째, 자신과 상대의 투입 및 결과에 대한 '생각'을 바꿈으로써 심리적 공평성을 찾는다. 예를 들어, '저

4피트

사람은 보이지 않는 곳에서 더 열심히 노력할 거야'라고 생각하는 경우다. 둘째, 공평성을 회복하기 위해 투입이나 결과를 바꾼다. 투입이나 결과를 바꾸기 쉬운 경우이거나, 공평성을 원하는 마음이 크다면 두 번째 방법을 쓸 것이다. 사랑하는 사이에서 어느 한쪽이 '내가 더 희생하고 사랑하는 것 같다'는 생각이 들어, 자연스럽게 사랑하는 마음과 행동을 조금 감추거나 줄이려고 하는 것도 '공평성 이론equity theory'이라고 불리는 이 방법에 속한다.

원인을 추론해 태도 바꾸기

귀인 이론attribution theory으로 인간관계의 형성을 이해할 수도 있다. '귀인'이란 누군가가 화를 내거나 기뻐하는 모습을 보고 그 원인을 추론하는 것을 일컫는다. 귀인 이론에 따르면, 인간은 끊임없이 원인을 추정하는 동물이다. 어떤 대상이 예상과 달리 움직이면, 우리는 무의식중에 그 원인이 무엇인지 추정해 태도나 행동을 바꾼다. 예를 들어, 가깝게 지내던 친구가 어느 날 갑자기 나를 차갑게 대하기 시작했다고 가정하자. 우리는 친구의 갑작스러운 태도 변화에 어떤 원인이 있는지 추론한다. 원인은 다양할 수 있다. 자신을 경쟁자로 인식했기 때문일 수도 있고, 변덕스러운 성격 때문일 수도 있다. 그러나 어떤 원인이라고 추론하는지에 따라, 내 행동도 달라지기 마련이다.

귀인은 대인 관계에서 중요한 역할을 차지한다. 심리학자 해럴드 켈리 Harold H. Kelley 는 "사람에게는 자기 자신뿐만 아니라 주변 사람들에게 발생할 수 있는 일을 예측하고 통제하고자 하는 기본적인 욕구가 있는데, 이러한 욕구를 충족시키는 방법은 행동의 원인을 이해하는 것"이라고 말한다.

켈리는 인간 행동에 대한 원인을 찾고자 할 때 우리가 크게 두 가지 방법을 동원한다고 말한다. 하나는 내적 귀인 internal attribution 으로, 행동의 원인을 개인이 지니고 있는 인성, 동기, 태도, 정서, 능력에서 찾는 것이다. 다른 하나는 외적 귀인 external attribution 으로 행동의 원인을 운, 주위 환경, 타인, 일의 특성 같은 외적 요인에서 찾으려고 하는 것이다. 쉽게 말해, 내적 귀인은 '내 탓'을 하는 것이고 외적 귀인은 '남 탓'을 하는 것이다.

내적 귀인과 외적 귀인은 다시 개인이 통제할 수 있는 것과 통제할 수 없는 것으로 구분할 수 있다. 능력이나 노력은 모두 내적 요인이지만, 능력은 자신이 통제할 수 없는 것이고 노력은 통제할 수 있는 것이라고 이해할 수 있다. 물론 문제가 생기는 원인을 통제할 수 있다고 여길 때, 문제를 해결할 가능성이 더 커진다. 예를 들어, 관계가 소원해진 사람이 생겼을 때, '최근에 그 사람을 소홀히 대했구나!' 하고 능력 대신 노력을 탓하면 관계를 더 빨리 회복할 수 있다. 이처럼 귀인 이론은 관계가 아주 가까워지거나 아주 멀어졌을 때, 그 원인을 분석하고 해결하는 데 유용하게 쓰일 수 있다.

관계를 형성하는
두 가지 요인, 힘과 호감

한 가지 주의할 점이 있다. 균형 이론, 공평성 이론, 귀인 이론은 자신과 상대를 적절히 파악하고, 자신과 상대가 어떤 관계에 있는지를 이해하고 있다는 점을 전제로 한다는 것이다. 그러나 사실 이것들을 파악하고 이해하기는 쉽지 않다. 우리는 똑같은 사람과 다 같은 관계를 맺고 살아가지 않고, 사람을 포함한 여러 대상들과도 다양한 관계를 형성하고 살아간다. 상대가 누구인지 또는 대상이 무엇인지가 중요하고, 대상에 따라 적절한 관계의 형태도 달라질 수밖에 없다. 특히 직장인들은 여러 대상과 '사회적 관계'라는 것을 형성한다.

사회적 관계를 형성하는 대상으로는, 가장 먼저 자신보다 나이도 많을 뿐만 아니라 인사권까지 쥐고 있는 상사를 떠올릴 수 있다. 친구처럼 가까워지나 싶다가도 때때로 경쟁자로 돌아서는 동료도 있고, 직접 일을 지시하고 가르쳐야 하는 부하 직원도 있다. 직장인들은 사람뿐만 아니라 일과도 사회적 거리를 형성한다.

적절한 심리적 거리를 유지하는 데에는 수많은 노력과 시행착오가 필요하다. 이것이 필요한 이유는 단순하다. 무엇보다도 각자가 생각하는 적절한 거리가 모두 다르기 때문이다. 예를 들어, 사람들은 각자 자신이 가지고 있는 성향에 따라 적절한 거리를 다르게 생각한다. 우호적이고 사교적인 사람들은 상대에게 빨리 다가가고, 주변 사람들과 가깝게 지내려고 한다. 반면 냉소적이고 배타적인 사람은 상대적으로 다른 사람과 거리를 두고 싶어 한다. 다시 말해, 내가 생각하는 적당한 심리적 거리와 상대가 생각하는 적당한 거리가 서로 다를 수 있다는 것이다.

핵심은 간단하다.

첫째, 인간관계에서 상대에 대한 내 행동의 특성을 진단한다.

둘째, 상대와 내가 심리적으로 얼마나 멀고 가까운지를 평가한다.

셋째, 내 행동을 수정해 상대와 나 사이의 균형점을 찾는다.

이 방법을 잘 익혀 자기만의 심리적 거리를 파악하고 만드는 법에 익숙해지면, 인간관계에서 발생하는 여러 오해들과 스트레스를 줄일 수 있다.

그렇다면 먼저 인간관계에서 자신이 상대에게 어떻게 행동하는지부터 평가해보자.

심리학자 도널드 키슬러Donald J. Kiesler 박사에 따르면, 우리는 상대를 어떻게 대할지 결정할 때 크게 두 가지 측면에서 고민한다. 한 가지는 '상대에게 얼마나 순응할 것인가, 또는 상대를 얼마나 통제할 것인가?'이고, 다른 한 가지는 '상대에게 얼마나 친밀하게, 또는 적대적으로 대할 것인가?'이다. 다시 말해, 다른 사람과 관계를 맺는 데 중요하게 작용하는 두 가지 축이 있는데, 하나는 '힘power의 축'이고 다른 하나는 '호감의 축'이라는 것이다.

먼저 힘의 축은 '지배'와 '순응'을 각 끝에 둔다. 호감의 축은 '배타'와 '우호'를 각 끝에 두고 힘의 축과 수직으로 놓는다. 두 가지 축에서 서로 반대되는 특성들이 각 끝에 놓인 것이고, 서로 독립적인 특성들은 직교하도록 놓인 것이다. 상하 관계는 대부분 힘의 축과 관련 있고, 동료 관계는 호감의 축과 관련 있다.

우리는 이 두 가지 축을 사용해 상대방과 자신의 관계를 나름대로 설정한다. 대다수는 인간관계에서 갈등보다는 균형과 안정을 추구하기 때문에, '힘의 축'이 더 중요한 관계에서는 서로 반대되는 행동을 하려고 하고, '호감의 축'이 지배하는 관계에서는 상대와 비슷한 행동을 하려고 한다.

그러나 인간관계에서 어려움을 겪는 사람들은 상대방과 관계를 제대로 설정하지 못할 뿐만 아니라, 자신의 행동을 적절하게 관리하지도 못한다. 권위와 체면을 중요하게 생각하는 상사 앞에서 사사건건 자기 생각이 옳다고 주장하는 동료가 상사와 갈등을 일으키고 힘들어하는 상황을 가정해보자. 이 둘 사이에서 상사가 더 잘못한 것일까, 상대와 관계를 제대로 설정하지 못하고 자기 방식대로만 일하는 부하 직원이 더 잘못한 것일까?

그 답을 찾기 전에, 우리 자신이 주변 사람들에게 어떻게 행동하고 있는지 되돌아보자. 특히 관계를 맺는 데 어렵거나 불편한 사람이 있다면, 그 사람을 떠올리면서 자기 자신의 성향에 대해 평가해보자.

이어지는 네 가지 평가에서, 가장 높은 점수를 받은 유형이 상대에 대한 자신의 대인 관계 유형이라고 생각할 수 있다. 유형은 상대에 따라 바뀔 수 있다. 팀장을 대하는 행동과 한 살 어린 동료를 대하는 행동은 다를 수밖에 없다.

유형들 각각을 간결하게 소개하자면, 먼저 '힘의 축'에서 '지배적인 성향'이 강한 유형은 자기 확신과 주장이 강한 유형으로, 매사에 자신만만하고 당당하다. 본인이 옳다고 생각하는 것은 누가 뭐라고 해도 끈질기게 추진하는 특성이 있다.

반면 힘의 축에서 '순응적인 성향'을 보이는 유형은 자기주장을 잘 드러내지 않는 소심한 유형이다. 자신이 없어 보이고, 수동적으로 행동하는 경향이 짙다. 누군가를 지배하고 이끌기보다는 이끌려가는 것을 더 편하게 생각한다.

1장 | 내겐 너무 가까운 당신

자가 진단   나는 지배적인 성향일까?

'지배적인 성향'에 대한 평가	전혀 아니다	약간 그렇다	다소 그렇다	상당히 그렇다	아주 그렇다
1. 상대를 내 마음대로 통제하려는 경향이 있다.	0	1	2	3	4
2. 나와 다른 생각을 가진 사람을 이해하기 어려워 논쟁을 벌이는 경우가 종종 있다.	0	1	2	3	4
3. 쉽게 흥분해서 화를 내는 편이다.	0	1	2	3	4
4. 내가 원하는 것을 얻지 못하면 마음이 불편하다.	0	1	2	3	4

총 점 (   )점

자가 진단   나는 순응적인 성향일까?

'순응적인 성향'에 대한 평가	전혀 아니다	약간 그렇다	다소 그렇다	상당히 그렇다	아주 그렇다
1. 사람들 앞에서 내 주장을 하기가 어렵다	0	1	2	3	4
2. 내가 손해 보는 일이 생겨도 쉽게 따지지 못한다.	0	1	2	3	4
3. 단호하게 행동해야 할 때도, 그렇게 하지 못한다.	0	1	2	3	4
4. 내가 다른 사람들보다 실력이 우수하다고 생각하지 않는다.	0	1	2	3	4

총 점 (   )점

4피트

자가 진단 나는 우호적인 성향일까?

'우호적인 성향'에 대한 평가	전혀 아니다	약간 그렇다	다소 그렇다	상당히 그렇다	아주 그렇다
1. '다른 사람의 기분이 상하지 않을까' 신경을 많이 쓰는 편이다.	0	1	2	3	4
2. 다른 사람의 잘못이나 실수에 관대하다.	0	1	2	3	4
3. '사람을 너무 믿는다'는 평을 듣는 편이다	0	1	2	3	4
4. 의도적으로 다른 사람에게 듣기 좋은 말을 많이 한다.	0	1	2	3	4

총 점 (   )점

자가 진단 나는 배타적인 성향일까?

'배타적인 성향'에 대한 평가	전혀 아니다	약간 그렇다	다소 그렇다	상당히 그렇다	아주 그렇다
1. 다른 사람들과 함께 있는 것이 편안하지 않다	0	1	2	3	4
2. 다른 사람의 문제에 별 관심이 없다.	0	1	2	3	4
3. 다른 사람의 지시나 권위를 받아들이기 어렵다.	0	1	2	3	4
4. 냉소적이고 비판적이라는 소리를 듣는 편이다.	0	1	2	3	4

총 점 (   )점

또 다른 축인 '호감의 축'에서 '우호적인 성향'을 지닌 사람들은 화를 잘 내지 않고, 다른 사람들에게 기본적으로 온화하고 친절하다. 정이 많고 누군가가 실수를 하더라도 아량이 넓어 포용하려고 한다.

우호적인 성향과 정반대에 있는 '배타적인 성향'은 인간관계에 다소 냉소적이다. 이들은 다른 사람이 자신에게 다가오거나 잘해주는 것에 대해서도 보통 의심부터 하고 퉁명스럽게 대한다. 다른 유형들보다 대인 관계에서 발생하는 문제뿐만 아니라, 모든 상황에 대해 불평이 많은 편이다.

2장

가까이하기엔
너무 먼 당신

약자 편

그저 당하고만 있을까요?

문제의 근원,
힘의 불균형

한 직장인은 점심시간이 너무 싫다고 했다. 점심시간마다 팀장과 팀원들이 함께 식사를 하는데, 야구팬인 팀장이 식사 시간마다 전날 있었던 야구 경기 이야기를 한다고 했다. 투수의 구질부터, 감독의 전략, 선수의 배치, 타자의 컨디션까지, 팀장이 쉬지 않고 야구 얘기만 하는 것이 문제였다. 혼자 이야기하면 그나마 다행인데, 호응이라도 해주길 원하는지 늘 팀원들에게 말을 시킨다는 것이었다.

"어제 경기 봤어? 어제 왜 졌다고 생각해? 7회 말이 적절한 투수 교체 타이밍이라고 생각해? 도루를 더 빨리 시도했어야 했다고 생각하지 않아? 어떻게 생각해?"

팀장은 온갖 질문들을 쏟아냈다. 대답을 못 하는 팀원은 한순간에 조직에서 쓸모없는 사람으로 낙인찍혔다.

"야구는 두뇌 싸움이야! 야구를 모르니까 일도 못하는 거야."

직장 상사의 폭언으로 자존심이 상해서, 원래 야구에 관심도 없었던 어떤 동료는 매일 퇴근하고 야구 경기를 본다고 했다. 자신도 데이트할 때나 친구들과 술을 마실 때 스마트폰으로 야구 중계방송을 봤다고 했다. 경기 하나라도 놓친 날이면, 스포츠 뉴스의 하이라이트라도 꼭 챙겨보고 나서야 잠이 들었다고 했다.

주변에서 이런 지나친 '갑질'을 찾아보기는 어렵지 않다. 가족보다 더 많은 시간을 함께 보내야 하는 직장 상사가 편해야 직장 생활이 만족스러울 텐데, 그게 쉽지 않다. 그렇다고 상사를 내가 선택할 수 있는 것도 아니고, 내가 원한다고 상사를 바꿀 수도 없는 것이 현실이다. 상사가 나를 알아주고 이해해 주면 다행이지만, 상사에게 무엇을 요구하거나 부탁하기도 쉽지 않다. 친구나 연인처럼 선택할 수 있는 인연이 아니라, 상사는 단지 주어지는 인연에 가깝다.

이런 관계 속에서 갈등이 발생하는 원인은 보통 '힘의 불균형' 때문이다. 아무리 조직이 평등해지는 추세라고 해도, 상사에게는 조직에서 부여한 권력이 있다. 상사는 이것을 이용해 인사권을 행사하고 지시를 정당화한다. 아랫사람이 상사가 지시한 일을 하지 않기를 원한다고 해도 말이다.

반면 부하 직원들에게 존경받는 상사도 있다. 여기에는 여러 가지 이유가 있는데, 상사가 가진 능력과 특성, 상사가 가지고 있는 지위 position가 대표적이다.

먼저 상사가 가진 능력이나 특성 면에서는 대표적으로 '일에 대한 전문성', '부하 직원과의 친밀함', '카리스마'를 꼽을 수 있다.

상사가 일에 대한 지식이나 노하우가 많을수록, 부하 직원들이 자연스럽게 상사를 자신의 리더라고 인정하고, 그런 상사가 내리는 지시는 쉽게 귀 기울여 따르기 마련이다.

평상시 아랫사람들을 친밀하고 우호적으로 대하는 것도 부하 직원들의 호감을 얻고 존경을 받는 한 가지 방법이다. 친밀감을 통해 부하 직원들은 리더와 자신을 동일시하기 때문에, 상사를 좋아하고 존경하는 마음으로 명령을 따르는 데 주저하지 않는다.

카리스마도 상사로서 인정을 받을 수 있는 특성이다. 직원들은 카리스마가 있는 상사에게 정서적으로 강하게 끌리고, 그로부터 큰 영향을 받기 때문이다. 그러나 카리스마가 단지 윽박지르는 것이라고 착각하지 말아야 한다. 오히려 카리스마는 부하들의 욕구가 무엇인지 파악하고, 그 욕구를 실현할 수 있는 비전을 제시하는 행동으로부터 나온다.

상사는 조직으로부터 인정받는 공식적인 지위, '포지션 파워position power'로 리더십을 인정받기도 한다. 인사권과 업무를 지시하는 권한이 대표적인 예다. 그 밖에도 지위가 높아질수록 일반적으로 인원을 배정하거나 비용을 사용하는 데 더 큰 권한이 쥐어지고, 승진은 물론 급여와 인센티브 배분을 결정하는 권한도 늘어난다. 예를 들어, 어느 기업에서는 팀장에게 인센티브 재원을 모두 주고 팀장의 평가에 따라 팀원들 개개인에게 인센티브를 나눠주도록 한다. 상사가 직원을 해고하거나 징계하는 권한을 가지는 회사도 있다.

일반적으로 한국의 기업 문화는 위계가 강하기 때문에, 상사는 인사권뿐만 아니라 지위를 이용해 부하에게 업무를 지시할 수 있고, 부하 직원은 그것을 따라야 한다는 원칙이 당연하게 받아들여진다. 지시에 복종하는 것이 효율적인 조직 운영을 위해서도 어느 정도 필요한 것은 사실이다.

그러나 여러 연구들에 따르면, '전문성'을 인정받는 상사의 리더십은 부하 직원들의 업무 만족도나 수행 능력을 높이는 데 긍정적인 영향을 미치는 반면, 공식적인 지위에 의한 리더십은 오히려 부하 직원들의 업무 만족도나 성과에 부정적인 영향을 미친다. 특히 숙련도가 중요한 분야나 직업에서 이런 경향이 뚜렷하다. 생산 현장에서 종종 '가방끈만 긴' 상사에게 불만이 터져 나오는 이유가 여기에 있다.

실력이 없는 상사를 존경하지 않을 수는 있겠지만, 조직 안에는 위계라는 것이 있고 조직이 상사에게 부여한 권력이 있기 때문에, 직원들은 상사의 지시를 따를 수밖에 없는 것이 현실이다. 이것이 윗사람과 아랫사람 사이에 힘의 불균형을 일으키는 원인이자, 거리감을 유발하는 본질적인 이유다. 그렇다고 지나치게 가까워도 상처받고 견제받을 수 있는 것이 또 상하 관계다. 그래서 상사와 심리적 거리를 잘 조절하는 것이야말로 직장에서 현명하게 생존하는 가장 중요한 덕목이라고 해도 과언이 아니다.

적당한 심리적 거리를 두기 위해서는, 먼저 자신이 상사와 심리적으로 얼마나 멀거나 가까운지를 평가해야 한다. 상대를 생각하면서 그 사람과 함께 있을 때 자신이 어떻게 행동하는 지를 떠올리거나, 상대방의 입장에서 그 사람이 나를 평소에 어떻게 대하는지를 평가해보는 것도 좋다.

이어지는 평가표를 살펴보고 답을 체크해보자. 각 문항마다 응답한 번호가 점수라고 생각하고 합산하면 된다. ①이 1점이고, ④는 4점인 셈이다. 상사와 자신의 관계를 묻는 세 가지 문항의 점수를 합하면, 최소 점수는 3점이고 최대 점수는 12점이다.

점수가 낮을수록 상사와 매우 가까운 거리라는 것을 뜻하고, 점수가 높을수록 매우 멀다는 것을 뜻한다. 총점이 6점에서 9점 사이일 경우 적정한 거리, 6점 미만은 가까운 거리, 9점 초과일 때는 먼 거리에 있다는 것을 의미한다.

앞에서 말한 것처럼, 관계가 너무 먼 것도 너무 가까운 것도 바람직하지 않다. 우리가 적당한 물리적 거리를 유지하고 지내는 것처럼, 적절한 심리적 거리를 유지하는 것이 가장 좋다. 상사와 함께 지내는 데 고통을 받고 있다면, 이 거리의 균형이 깨진 것이다.

상사와의 거리

1. 사무실에서 상사와 함께 있을 때, 당신의 행동은?

   ① 상사의 자리에 바짝 다가가서 격의 없이 이야기를 하는 편이다.

   ② 상사의 책상에서 조금 간격을 두고 똑바로 서서 이야기한다.

   ③ 앉아서 눈치를 보거나 동료들 뒤에 서서 이야기를 하는 편이다.

   ④ 가능하면 눈을 마주치지 않으려고 모니터만 뚫어지게 쳐다본다.

2. 우연히 상사와 사무실 복도를 함께 지나가게 되었을 때, 당신의 행동은?

   ① 옆에서 이야기를 하며 걷는다.

   ② 상사 바로 뒤를 따라 걷는다.

   ③ 떨어져서 걷는다.

   ④ 일부러 다른 길로 간다.

3. 출근 하는 길에 30미터 앞에 있는 상사를 봤다. 당신은 어떻게 행동하겠는가?

   ① 달려가서 인사를 하고 함께 출근한다.

   ② 달려가 인사만 하고 따로 출근한다.

   ③ 눈이 마주치면 그 자리에서 인사만 한다.

   ④ 마주치지 않으려고 고개를 숙이고 걸어간다.

합계:

너무 가깝고도
먼 상사들

전자 부품을 생산하는 어느 대규모 공장에서 근무하는 최 공장장은 실적이 좋아 간부들에게도 신뢰를 받고 있었다. 그러나 이 공장을 방문한 몇몇 사람들은 이 공장이 '공화국'이나 다름없다고 혀를 찼다. 공장 간부들이 공장장과 결탁해, 본사에서 내리는 지시는 듣지 않고 자기 뜻대로 할 뿐만 아니라, 인사도 자신들끼리 결정해 역으로 본사에 통보하는 모습이 눈에 들어왔기 때문이다. 방문자들은 공장 안에서는 공장장의 말이 누구도 거역할 수 없는 절대적인 진리처럼 받아들여진다고 말했다. 마치 사이비 교주처럼 말이다.

물론 조직에서 결속력과 단결은 중요하다. 결속력은 시련이 닥쳐도 버틸 수 있는 힘을 주고, 단결은 일사불란한 실행에 도움을 준다. 그러나 한 사람을 향한 과도한 추종은 조직에 독으로 작용한다. 조직이 한 사람의 독단으로 움직일 우려가 있고, 그러다 보면 외부에서 일어나는 변화나 위기에 제대로 대처하지 못할 가능성이 크다.

결국 '공화국'으로 불리던 이 공장도 본사에서 요구한 지시를 이행하지 않다가, 중국의 저가 공세에 밀려 생산 라인을 줄이고 인력을 감축할 수밖에 없었다. 공장장도 이 사태로 책임을 지고 퇴임했고, 그를 따랐던 공장 간부들도 직책을 내려놓게 되었다.

사이비 교주의 끝은 항상 좋지 않다. 그 뒤를 추종하는 사람도 마찬가지다. 서로에게 지나치게 가까운 나머지 한 사람을 우상처럼 떠받드니까, 그 사람의 말이 진리처럼 보이기 마련이다. 하지만 이것은 단지 허상일 뿐이다. 직장 생활에서도 누군가를 롤 모델로 삼고 그 사람을 닮기 위해 노력하는 것은 바람직하지만, 그 사람에게 모든 결정과 판단 권한을 맡기지 않도록 경계해야 한다.

거리를 두어야 하는 또 다른 질 나쁜 상사들이 있다. 어느 대기업 임원이 승진을 위해 부하 직원들을 술자리에 동원했다는 내용이 매스컴을 통해 알려지면서 직장인들의 공분을 사기도 했다. 이런 상사들 때문에 직장인들은 비전을 걱정하고 이직을 고민한다. 질 나쁜 상사와 확실한 거리를 두기 위해서는, 나쁜 상사를 제때 판단하는 것이 필수적이다. 그러기 위해서는 먼저 상사가 직원들에게 어떻게 말하고 행동하는지를 잘 관찰해야 한다.

상사는 직원들을 육성시켜야 하는 의무가 있는 만큼, 다양한 훈련을 시행시키고 여러 기술을 코치한다. 그 과정에서 상사는 직원에게 조언을 하기도 하고, 영업을 할 때나 현장에서 실습할 때는 몸소 시범을 보이기도 한다.

때로는 충격요법으로 강하게 질책하기도 한다. 너무 자신감에 가득 차 있거나, 독단적으로 행동한다면 이런 충격요법이 효과를 볼 수 있다. 직무 능력을 향상시키는 데 큰 변화가 필요한 시기이거나, 역경을 극복하는 경험이 필요할 때에도 유용하다.

그러나 질책을 하더라도 할 수 있는 말과 그렇지 않은 말, 즉 비인격적인 폭언은 반드시 구분할 줄 알아야 한다. 질책하는 동안에도 상대를 자극시키고 잘못을 깨우치도록 만드는 기술이 여럿 존재한다. 그러나 목적과 수단을 구분하지 못하고 질책하는 과정에서 폭력을 사용하거나 비속어를 사용하는 경우가 적지 않다. 이런 행동들은 직무 능력을 향상시켜야 하는 아랫사람들의 기를 완전히 꺾어버려 모멸감을 느끼게 만들 뿐이다. 인격을 존중하지 않는 사람을 멀리해야 하는 것은 직장에서만 해당하지 않는다.

상사가 자신이 가진 권력을 무기로 부하 직원들을 향해 인격 모독을 하고, 인신공격을 하거나, 동료들 앞에서 무시하는 행위 등을 '비인격적 리더십'이라고 한다. 한마디로 사람을 사람답게 대하지 않는 리더의 행동이라 할 수 있다. 다른 이유로 생긴 화를 나에게 퍼붓거나, 사람들 앞에서 내 의견을 무시하거나, 근거 없이 나를 폄하하는 것이 대표적인 예다.

기업 내부에서는 외부 환경의 빠른 변화, 고용 불안의 증가, 성과를 둘러싼 치열한 경쟁을 빌미로 이런 행동들을 정당화하기도 한다. 심리학자 베넷 테퍼Bennett J. Tepper 교수에 따르면, 자기 상사에게 비인격적 대우를 받은 중간 관리자들은 다시 부하 직원에게 화풀이를 하는 경향이 있고, 부하 직원은 승진이나 보상에서 보복을 당할 수 있다는 두려움을 느끼고 이런 부당한 대우를 참는 경향이 있다. 윗사람의 비인격적인 행동이 되풀이되면서 바뀌거나 사라지지 않는 이유가 이 때문이다.

상사의 비인격적 행동은 크게 두 가지 유형으로 나뉠 수 있다. 하나는 부하 직원을 무시하고, 조롱하거나 모욕하고, 화풀이 대상으로 삼는 유형이다. 다른 하나는 일과 관련된 유형으로서, 부하 직원이 과거에 저지른 실수나 실패를 자주 언급하거나, 아랫사람의 성과를 의도적으로 무시하고 인정하지 않고, 업무에 필요한 자료나 정보를 일부러 감추는 행동을 일삼는 유형이다. 보통 말과 행동에서 직접적으로 드러나는 첫 번째 유형만을 비인격적이라고 생각하기 쉬운데, 두 번째 유형도 똑같이 인격을 깎아내리는 경우라는 점을 인지해야 한다.

그렇다면 도대체 어떤 사람들이 이렇게 비인격적으로 행동하는 것일까? 무엇보다도 예민하고 스트레스를 잘 견디지 못하는 상사들이 대표적이다. 보통 이런 상사들은 충동적인 성격을 가지고 있고, 자신의 상사에게 받은 작은 지적도 크게 받아들여 부하 직원에게 화풀이하는 경향을 보인다.

권위주의적이고 지배적인 상사 역시 부하 직원들을 비인

격적으로 다룰 가능성이 크다. 자신이 과거에 그랬던 것처럼, 권위주의적인 성향이 강한 리더는 부하 직원들이 자신에게 복종해야 한다고 생각하고, 아랫사람들을 강하게 대해도 괜찮다고 생각한다.

자신이 회사나 상사에게 부당한 대우를 받고 있다고 생각하는 윗사람들도 역설적으로 비인격적으로 행동하는 경향이 있다. 회사나 상사에게 받은 짜증과 스트레스를 약자의 위치에 있는 부하 직원에게 푸는 것이다.

착각하는
카리스마

물렁하고 모호한 리더보다는 명확하고 추진력 있는 리더가 밑에서 일하기에는 더 수월하다. 정확한 의사 결정을 내리지도 않고 우유부단하게 눈치만 보는 리더 밑에서 일하는 사람이라면, 그 답답함에 속이 터지는 경험을 수도 없이 해봤을 것이다. 반면 스스로 앞장서서 직원들을 이끌고, 문제를 날카롭게 지적하는 카리스마 있는 리더의 주저하지 않는 모습은 신뢰감을 높인다.

그러나 '카리스마 리더십'에도 빛과 그림자가 존재한다. 카리스마는 자신감과 확신에서 오는 경우가 많은데, 이것이 지나칠 경우에는 독단으로 이어질 수 있다. 이렇게 되면 팀원들에게는 카리스마가 항상 자기 말만 옳다고 생각하는 아집으로 비칠 뿐이고, 팀을 이끌어가는 것이 불통으로 여겨질 뿐이다. 더 심각한 경우에는 팀원들에게 능동적으로 일하는 태도를 빼앗을 수도 있고, 조직 내 집단 지성을 가로막을 수도 있다.

카리스마 리더십이 가진 또 다른 위험은 조직 전체를 무기력에 빠뜨릴 수 있다는 점이다. 카리스마 있는 상사들 대다수는 현실에 안주하지 않고, 끊임없이 변화를 모색해 상황을 주도하기를 원한다. 경쟁사는 물론이고, 옆 부서보다도 늘 더 빨라야 하고 더 나아야 한다고 믿는다. 그러나 상사가 구성원들로부터 더 이상 지지를 받지 못할 정도로 오랫동안 이런 식으로 변화를 추구할 경우, 예상치 못한 여러 부작용을 겪을 수 있다. '보고를 위한 보고'가 직원들의 사기를 꺾는 것처럼, '변화를 위한 변화'도 조직의 피로감을 늘리기 때문이다. 적절한 휴식 없이 일에 과도하게 몰입만 할 때, 나중에는 직원들이 쉽게 피로를 느끼고 신체적·정신적 스트레스를 겪는다. 그리고 피로와 스트레스가 다시 무기력을 낳는 악순환이 이어진다.

스티브 잡스Steve Jobs나 카를로스 곤Carlos Ghosn은 카리스마 리더십의 상징이다. 스티브 잡스는 제품의 디자인과 사양 뿐만 아니라 개발에 대해서도 구체적으로 전략을 제시해 애플을 주도했다고 평가받고, 카를로스 곤은 닛산Nissan을 위기에서 구했다고 평가받는다. 두 사람 모두 최고의 리더로 꼽히기도 하지만, 다른 한편으로는 '직원들을 피로 증후군에 고통받게 했다'는 비난을 오랫동안 받기도 했다.

발 빠른 변화도 좋지만, 때로는 조직의 역량과 자원을 고려하는 것도 반드시 필요하다. 해야 할 일들은 가득하지만 역량 있는 인재가 충분하지 못하거나, 역할 분담이 제대로 이루어지지 않는다면 오히려 조직에 불만과 무기력이 쌓일 수 있다. 리더가 주도하는 혁신 못지않게, 구성원들 스스로도 필요성을 이해하고 공감하면서 혁신을 이끌어가는 것도 중요하다. IBM을 혁신적인 기업으로 만든 루이스 거스너Louis Gerstner의 말처럼, "변화가 성공하기 위해서는 회사 임직원들의 공감대가 이루어져야 하고, 이들이 변화를 선도해야 한다."

카리스마의 부작용을 예방하는 방법은 간단하다. 바로 타인에게 평가를 받는 것이다. 아무리 리더라고 할지라도 말이다. 아니, 오히려 리더이기에 더더욱 평가를 받아야 한다. 이것은 다른 사람의 관점에서 자기 자신을 객관적으로 반추해보는 도구로서, 문제를 진단하는 데 중요한 가치를 지닌다. 자신에 대한 솔직한 피드백이 이루어지지 않고 자신을 견제하는 장치가 부재할 경우에는, 누구라도 쉽게 자기만족적인 독선에 빠질 수밖에 없다.

분노를 카리스마라고 착각하는 상사들도 있다. 영화 〈앵그리버드 더 무비 *The Angry Birds Movie*〉에는 분노를 참지 못하는 '레드'와 욱할 때마다 폭발해버리는 '밤'이라는 새들이 등장한다. 다툼 없이 평화롭게 지내야 하는 마을에서, 레드는 다른 새들과 어울리지 못하고 쉴 새 없이 화만 내다가 결국 분노를 조절하는 치료를 받는다. 치료를 받는 학교에서 레드는 치료가 필요한 또 다른 새인 밤을 만나 이런 대화를 나눈다.

밤   난 화가 나면 폭발을 해. 그러니깐 그 뭐냐, 폭발을 해.
레드   그러니까 화를 낸다고?
밤   아니, 실제로 폭발을 해! 폭탄처럼 진짜 터진다고!

직장에서도 '분노 조절 장애'를 보이는 듯한 상사들은 여러 유형이 있다. 보고서를 직원의 얼굴에 던지는 상사가 있는가 하면, 고래고래 소리를 지르는 사람도 있다. 폭탄처럼 터지는 밤처럼 화를 통제하지 못하고 정말로 폭발해버리는 것이다. 이 가운데는 화를 내는 방법을 잘 몰라 폭발하는 경우도 있다. 단지 자기 의견을 논리적으로 말하지 못하거나, 정연하게 설득하는 과정이 지난하고 번거로운 작업이기 때문에 간편하게 상대에게 윽박지르는 것이다. 타고나길 성질이 급하고 다혈질인 상사도 물론 있지만, 큰소리로 화를 내야 아랫사람들이 말을 잘 듣는다는 것을 학습하고 습관적으로 분노를 감추지 않는 상사도 허다하다.

이런 분노 조절 장애의 원인은 자주 '방어기제defense me-chanism'로 드러난다. 방어기제란, 일상에서 주어지는 다양한 자극들로 긴장과 불안을 느낄 때 스스로를 보호하려는 심리적인 책략을 말한다. 방어기제를 습관적으로 사용하면, 현실을 왜곡할 뿐만 아니라 자아가 성숙하는 것을 막을 수도 있다. 갈등을 회피하기만 하는 자아는 간단한 문제도 해결하지 못하는 부작용을 낳는다.

문제는 화를 무작정 억누르는 것도 방어기제 가운데 하나라는 점이다. 분노 조절 장애는 역설적으로 억울한 감정이나 욕구 불만, 분노 등으로 생긴 스트레스를 해소하지 못해 쌓이고 쌓여 생기는 경우가 많다. 특히 내성적이고 꼼꼼한 사람들이 이런 감정들을 제대로 발산하지 않고 억제하기에 더 위험하다. 해소하지 않은 감정들이 쌓이다 보면 일순간 울화가 치밀거나 화병이 생기는 것이고, 결국에는 처음과 달리 작은 것 하나하나에도 크게 폭발하는 사람으로 돌변하는 것이다.

따라서 분노는 사회생활 초기부터 잘 다스리는 것이 중요하다. 스트레스를 받거나 화가 날 때, 그것을 감추고 억제하는 것만이 답은 아니다. 쌓이기 전에 그때그때 해소하는 자기만의 방법들을 만들어두는 것이 필요하다. 분노를 잘 조절하지 못하는 상사를 욕하거나 회피하는 동안 자신이 가지고 있는 스트레스와 분노를 되돌아보지 않는다면, 몇 년이 지나고 나서는 아랫사람들이 욕하고 회피하는 상사가 되어버린 자기 자신을 발견하게 될지도 모른다.

보기 싫은
상사의 '꼴'

상사와 부딪히지 않기 위해 무조건 멀리하는 것이 답은 아니다. 상사 때문에 고통받는 많은 사람들이 상사가 '꼴'도 보기 싫다고 말한다. 그러나 상사를 힘들어하는 사람일수록 상사가 어떤 '꼴'을 가지고 있는지 이해하는 것이 중요하다. 세상에 완벽한 상사는 없다. 싫어하는 상사처럼 되지 않으리라는 법도 없다. 갈등을 최소한으로 만들기 위해서는 상사의 꼴, 특히 리더십 스타일을 이해해야 한다. 이것을 알아야 적절한 관계를 맺고, 적당한 거리를 유지할 수 있다.

조직을 낱낱이 파악하는 관리형 상사

관리하는 데 뛰어난 상사들은 업무와 조직의 세세한 부분까지 파악하고 있기 때문에, 조직을 안정적으로 운영하는 데 능숙하다. 새롭게 일을 벌이기보다 벌여진 일들을 조정하고 수습하는 데 초점을 맞춘다. 따라서 규율 및 규칙 엄수를 굉장히 중요하게 생각한다.

몇 가지 행동만으로도 관리형 상사인지 아닌지를 대번에 알 수 있다. 그들은 보고를 누락하는 것을 절대로 있을 수 없는 일이라고 생각하고, 참조로 보낸 이메일마다 일일이 확인해 피드백을 보내는 상사들이다. 무엇이든 메모하고 업무 리스트를 수시로 체크하는 이들은, 심지어 하루 단위로도 일정표를 작성해 공유한다. 지나가면서 말한 것도 나중에 꼭 챙기고, 도대체가 대충 넘어가는 법이 없다.

원리·원칙에 입각해 모든 일들을 처리하고 관리하는 것은 이들이 가지고 있는 분명한 장점이다. 그만큼 꼼꼼하고 치밀하고, 일정을 잘 관리해 기대했던 성과를 한 치 오차도 없이 만들어내기도 한다. 다른 한편으로 이들은 책임감도 강해 실수하는 것을 싫어하고, 보고하기 전에도 남들보다 한 번 더 논리나 타당성을 검증한다.

4피트

그러나 이런 유형은 지나치게 관리하고 통제하려는 단점을 가진 경우가 많다. 군이 하지 않아도 될 것 같은 일들을 혹시나 하는 마음으로 실행에 옮기고, 성과에 영향을 미치지 않는 형식도 일일이 따져 묻는 편이다. 예를 들어, 보고 자료를 과도하게 준비시키거나, 워크숍이나 회식에서 열외를 인정하지 않거나, 말로 전달할 수 있는 내용을 꼭 짧게라도 문서로 남길 것을 요구한다. 심지어 소셜 미디어를 통해 팀 전체를 통제하려는 경우도 있다. 한편 리스크를 회피하려는 경향이 강해서, 스스로도 자기 상사의 눈치를 과도하게 의식하면서 무언가를 새롭게 도전하는 일이 거의 없다.

관리형 상사는 한마디로 까다로운 상사다. 까다롭기 때문에 함께 일하기 불편하기도 하지만, 거리를 좁히고 싶다면 이들이 일하는 방식에 조금은 맞출 필요가 있다. 이들에게는 사소한 내용이라도 자주 보고하고, 모호하거나 잘 모르는 것은 구체적으로 질문하고, 작은 일이라고 하더라도 업무를 진행하는 데 문제가 생겼을 때는 핑계를 대지 않고 있는 그대로 보고하는 것이 좋다.

조화와 친분을 중시하는 관계형 상사

관계를 중시하는 상사들은 직원들과 격식 없이 어울리고 존경받기를 원한다. 늘 대화의 중심에 서기를 바라고, 직원들에게 '일하기 편한 상사', '부하 직원들의 마음을 이해해주는 상사'라는 평가를 받고 싶어 한다. 스스로도 그 기대에 부합하기 위해, 아랫사람들에게 따뜻하게 대하려고 노력한다.

이런 유형은 친화력이 좋다. 직원들의 고충을 들어주고, 생일이나 기념일을 잘 챙겨준다. 싫은 소리를 잘 못하고, 기본적으로 다른 사람을 대할 때 온화한 편이다. 부하 직원들이 제 업무를 알아서 잘할 것이라는 믿음을 가지고 있다. 다른 팀과 의견 충돌이 생길 때도 보통 양보하자는 의견을 비친다.

관계형 상사들이 지닌 가장 큰 장점은 무엇보다도 직원들과 갈등을 일으키지 않는다는 점이다. 때때로 눈치도 보면서, 직원들의 욕구가 무엇인지 파악하기 위해 노력하기 때문에 가능한 일이다. 아랫사람들을 배려하는 것은 물론이고, 직원들에게 자율권을 주고 세세한 부분을 크게 신경 쓰지 않는 것도 갈등이 잘 생기지 않는 한 가지 요인이다.

그러나 남에게 비치는 자신의 이미지를 중시해, 갈등을 외면하기도 하고 재빨리 실행에 옮기는 데 약점을 보이기도 한다. 결정하는 데 자주 어려움을 겪는 것도 이들이 지닌 단점이다. 누군가가 재촉하지 않으면 관계형 상사는 의사 결정을 앞장서서 하지 않는 경우가 잦다. 팀원 개개인의 말과 행동을 분석하는 이들은 일보다는 사람을 중심으로 생각하는 경향이 강하기 때문에, 성과에 둔감한 편이다. 그냥 '잘하라'는 식으로만 이야기할 뿐, 업무에 관한 지시도 구체적이지 않다. 그러다 보니 다른 유형의 상사들보다 권위가 낮아 보인다.

관계형 상사들은 친밀한 사람들이다. 직원과 소통하는 것을 선호하고 중시하는 만큼, 잦은 대화로 거리를 좁혀나가는 노력이 필요하다. 실행력이 부족하다는 평을 듣는 리더십 유형이기 때문에, 직접 일을 챙길 줄 아는 부하 직원을 가까이 두려는 성향이 있다. 만약 이런 상사와 함께 일하고 있다면, 지시를 기다리는 대신 작업을 해서 먼저 가지고 가는 것도 방법이다. 상사에게 '저는 이렇게 생각하는데, 어떻게 하는 것이 좋을까요?' 하고 자기 의견을 먼저 피력하는 것도 상사가 가진 단점을 보완하는 데 도움이 된다.

변화를 강조하는 혁명가형 상사

혁신을 강조하는 상사는 늘 새로운 것을 주문하고, 본인 스스로도 새로운 기술이나 트렌드에 대한 관심의 끈을 놓지 않는다. 이들은 새로운 것에 호기심이 많다. 당장 필요하지 않아 보이는 것들도 궁금하다는 이유로 자세히 알아보는 편이다. 자신이 해야 할 업무는 자신이 정의하고, 업무 성격에 따라 계획도 직접 짠다. 그러다 보니 임원이 지시하는 것을 그대로 따르지 않는 경우가 많고, 그 때문에 잦은 갈등을 겪기도 한다.

이 유형에 속하는 상사들은 실패에 관대한 편이다. 자신이 새로운 것에 늘 열려 있기 때문에 직원들의 아이디어도 적극적으로 받아들이려고 노력한다. 설령 그 아이디어가 실패로 이어진다고 하더라도, 실패로부터 배우는 것이 있다고 믿는다.

업계 트렌드에 민감해 배울 점이 많고, 자율과 창의성을 중요시하기 때문에 겉으로는 다 좋아 보일 수도 있다. 그러나 아랫사람 입장에서는 실행력이 너무 강한 것도 단점으로 꼽힐 수 있다. 새롭게 도전하고 싶은 것이 생기면, 자원을 고려하지 않고 무작정 달려드는 것이 또 이들이기 때문이다. 다수가 원하지 않더라도, 본인이 하고 싶은 것을 꼭 하고야 마는 성향은 조직 전체의 피로감을 증가시킨다. 일을 줄이는 것이 아니라

자꾸 늘리기 때문이다. 직원들에 대한 디테일한 관심이 부족해, 다른 리더십 유형에 비해 인간적인 매력도 떨어진다. 보통 이런 유형이 지니고 있는 잘난 척하는 성향은 평가에 더 좋지 않게 작용한다.

이 유형은 한마디로 피곤한 스타일이다. 그럼에도 불구하고 함께 아이디어를 고민하고 해결책을 찾다 보면 이들과도 심리적 거리를 줄여나갈 수 있다. 상사에게 그가 정말로 원하는 것이 무엇인지 자주 질문하면서 서로 의견 차이를 좁히는 것이 중요하다.

일을 무서워하지 않는 워커홀릭 상사

'성과를 올리는 것만이 살 길'이라고 외치는 일밖에 모르는 상사들이 있다. 일명 일벌레, 바로 '워커홀릭 workaholic'이다. 일벌레들은 곁눈질하지 않고 앞만 보고 달리고, 조직의 목표 달성을 위해 자신을 희생하며, 저돌적으로 일하는 것을 미덕으로 여긴다.

마치 지구를 지키는 슈퍼맨처럼 자신이 모든 일을 짊어져야 한다고 착각하는데, 내심 그런 자신을 우러러봐주기를 원한다. 이렇게 착각하는 태도를 '슈퍼직장인 증후군'이라고도 하는데, 더 심각한 경우 자신이 자리를 비우면 회사가 제대로 돌아가지 않을 것이라는 착각에 빠지기도 한다.

일벌레 상사들은 회사에서 어떻게 일할까? 이들은 일단 회의를 한다. 회의를 하고, 회의를 하고, 또 회의를 한다. 어떤 경우에는 회의에 목적이 없고, 단지 회의를 위해 회의를 소집한다는 느낌마저 들도록 만든다. 일이 없어도 퇴근을 하지 않는 것도 일벌레들이 가지고 있는 중요한 특징이다. 회사에 꼭 한 명씩 있는 이런 사람들은 직원들이 퇴근하기 직전에 일을 시킨다. 직원들이 퇴근하고 나서도 업무에 관한 메일이나 메시지를 보내는 데 아무런 죄책감을 가지지 않는다. 회사에 거의 가장 일찍 출근하고, 좀처럼 떠나지 않는 휴가 중에도 결재를 바로바로 진행한다. 당연히 직원에 대한 기대 수준이 높다. 언제나 실현 가능성이 없는 목표를 세우지만, 핵심성과지표KPI, key performance indicator에 집착한다.

이들에게도 장점이 없지는 않다. 성실하게 일하는 만큼, 경험도 많고 담당 분야에 대한 전문성도 뛰어나다. 일을 빠르게 처리할 줄 알고, 배울 점도 많다. 그러나 열정과 에너지가 넘치기 때문에 기본적으로 하는 일이 많고, 부하 직원들의 성과에 대한 기대도 매우 높다. 때로는 아랫사람들을 가혹할 정도로 강하게 다루기도 한다.

아랫사람들에게 일벌레 상사는 적군인지 아군인지 가늠이 서지 않는다. 일에 대한 욕심이 과해 다른 부서의 업무까지도 도맡기 때문이다. 그런데도 직원들이 그 업무에 대해서 어떻게 생각하고 느끼는지는 관심조차 없다. 그러다 보니 팀원들이 과도한 업무에 스트레스를 넘어 '번아웃 증후군 burnout syndrome'을 호소하기도 한다. 머릿속에 일 생각만으로 가득해, 일벌레 상사들은 회식 자리처럼 즐거워야 하는 자리에서도 업무 이야기를 하면서 분위기를 망친다. 자신이 예전에 어떻게 일했는지를 자주 말하는 것도 일벌레들의 특징이다.

그렇다고 무작정 거리를 두는 것도 해법은 아니다. 배울 것은 배우기 위해서라도, 이들과 거리를 좁혀야 할 때도 있다. 불만이 있더라도 우선 앞에서는 수긍하고, 나중에 따로 조심스럽게 진심을 이야기하는 것이 도움이 된다. 완벽하지 않더라도 자주 피드백을 받고, 할 수 없거나 안 된다고 말하는 대신 대안을 준비해 이야기하는 것도 이들과 거리를 좁히는 데 도움이 된다.

4피트

익숙하지 않은 거절과 익숙한 평가

"공 차장, 나 좀 살려줘! 실적이 너무 나빠져서 팀장 자리도 내어줄 판이야. 본부장 성격 잘 알잖아! 다음 달 매출 좀 이번 달로 당겨줘. 부탁할게."

"하지만 팀장님, 감사 나오면 바로 걸릴 테고, 그러면 징계받는 거 잘 아시잖아요?"

"의리 없이 이러기야? 내가 공 차장 승진할 때 도움 준 것도 잊었어? 뒤는 내가 알아서 할 테니 이번 달 매출만 어떻게 좀 해줘."

독자들도 비슷한 경험을 한 번쯤 해봤을지도 모른다. 앞에서 이야기한 사례들이 멀리하고 싶은 상사를 멀리하지 못해 고통을 받는 경우였다면, 이런 사례는 가깝게 지내던 관계 때문에 고통을 받는 경우다. 이렇게 관계가 가까울 경우, 도움이나 혜택을 받기도 하지만 반대로 아랫사람이 윗사람을 챙겨야 할 때가 생긴다. 그것이 사회생활을 위협하는 비도덕적인 일이라면 누구나 난처할 수밖에 없다. 부탁을 들어주면 나중에 탈이 날 것이 분명하고, 거절을 할 경우에는 조직 생활이 한동안 평탄하지 못할 것이 분명하다. 이러지도 저러지도 못하는 딜레마에 빠지는 것이다.

물론 거절당하는 사람이 나 자신일 수도 있다. 다른 사람과 가까이 지내다 보면, 거절하는 것도 점점 어려워지지만 거절을 당해 상처받는 경우도 점점 잦아진다. 믿는 도끼에 발등 찍혔다는 생각이 들기도 한다. 특히나 자신에게 의미 있고 중요한 사람에게 거절당한 경우에는 심리적으로 큰 충격을 받는다고 해도 이상하지 않다. 거절당해 심한 충격을 겪고 나면, 다른 사람에게도 거절당하지 않을까 걱정스러워지기 마련이다. 심리학에서는 이것을 '거절 민감성 rejection sensitivity'이라고 부른다. 다른 사람의 작은 행동만으로도 지레 거절당할 것이라고

086

4피트

짐작해, 자주 낙담하거나 화를 내는 경향이다.

거절에 민감해지는 원리는 이렇다. 먼저 상대가 거절할 수 있는 상황이 발생하면, 심리 상태는 작은 자극에도 반응하는 각성 상태에 놓인다. 그러다 보니 크게 중요하지 않은 상대의 말과 행동도 거절의 신호로 섣불리 받아들이고 상처를 입는다. 상처는 상대를 향한 분노로 이어지고, 처음에는 거절할 마음이 없었던 상대는 어이없는 상황에 거절을 한다. 결국 이렇게 거절을 당한 사람은 거절에 대한 민감성이 더 높아지는 악순환을 경험한다. '자기 충족적 예언 self-fulfillment prophecy'처럼, 거절당할지도 모른다는 지나친 두려움 때문에 정말로 거절당하는 상황에 처하는 셈이다.

거절에 민감한 사람들은 인간관계에서 문제를 겪을 확률이 높고, 더 나아가 정신 병리를 앓을 가능성이 커진다. 거절에 민감할수록 대체로 대인 관계가 만족스럽지 않다고 생각하고, 상대방도 그렇게 생각할 것이라고 판단한다. 실제로 거절에 취약한 사람들일수록 거절에 민감하지 않은 사람들보다 더 많은 이별을 경험하고, 관계가 멀어지는 것을 더 자주 경험한다. 심지어 이들은 실연을 잘 견디지 못하고 쉽게 우울증에 빠지며, 폭력성이 높아지기도 한다. 평소 외로움과 불안감을 더 자주 느끼는 것도 거절에 민감한 사람들의 특징이다. 상처받는 것이 두려워 다른 사람에게 우호적으로 다가가기보다 배타적으로 행동하거나, 상사에게도 자기주장을 드러내기보다 수동적이고 순종적으로 행동하는 것도 이들의 특징이다.

이 모든 것은 인사 평가를 위한 것이든, 개인적인 목적을 위한 것이든 사회에서는 상대를 평가하는 일들이 잦을 수밖에 없기 때문에 발생하는 일들이다.

지금까지 앞에서 이야기한 것도, 적절한 거리를 유지하기 위해 상사를 여러 유형으로 분류하고 평가하는 연습이나 다름없다. 평가라는 것이 어떤 목적을 이루기 위한 측면도 있지만, 평가를 하는 사람이나 평가를 받는 사람 모두 스트레스를 받고 불편한 것은 틀림없다.

한 가지 실험이 있다. 연구자들은 실험 참가자들을 A 집단과 B 집단으로 나누어, 1,242에서 17을 빼는 계산을 반복하되 최대한 빠르고 정확하게 계산하도록 참가자들에게 지시했다. 실험 참가들이 계산하는 동안, 연구자들은 A 집단이 계산하는 과정은 지켜봤지만, B 집단이 계산하는 과정은 지켜보지 않았다. 참가자들의 신체에서 분비되는 코르티솔cortisol이라는 호르몬 수치를 측정하자, A 그룹의 코르티솔 수치가 B 그룹에 비해 세 배나 더 높았다. 코르티솔은 사람이 긴장하거나 공포를 느낄 때 부신피질adrenal cortex에서 분비되는 호르몬으로, 일명 '스트레스 호르몬'으로 알려져 있다. 누군가가 지켜보는 가운데 평가를 당하는 상황에서 사람들이 더 큰 스트레스를 받은 것이다.

미국 캘리포니아 대학교의 케메니Margaret Kemeny 교수는 스트레스에 관한 연구를 통해 "누군가 지켜보는 사람이 있고 자신이 평가받는 느낌이 들 때, 사회적 존재인 인간은 이것을 위협이나 도전적 상황으로 받아들이고 상당한 스트레스를 받는다"고 말한다. 다시 말해, 자신이 누군가에게 평가당하는 상황은 사회적 자아를 위협한다.

'사회적 자아'라는 것은 다른 사람의 눈에 비친 자신의 모습을 의미한다. 다른 사람들이 '나'를 지각하고 평가하는 모습들이 쌓여 사회적 자아, 즉 자신의 사회적 가치와 지위뿐만 아니라 스스로가 느끼는 자신의 가치를 형성한다.

연구 결과에 따르면, 타인이 바라보는 자신의 모습이 자신의 기대와 다를 경우 사람들은 크게 동요한다. 이때 신체는 생존에 위협을 받을 때와 거의 유사하게 반응한다. 다시 말해, 우리 신체는 자신이 어떤 면에서 부족하다고 남들에게 평가받을 때, 단지 부끄럽다고 느끼는 정도가 아니라 완전히 거부당한 것처럼 반응한다.

그래서 평가를 할 때에도 허투루 할 것이 아니다. 상대를 판단하기보다 이해하고자 하는 자세가 중요하고, 상대방 입장에 서서 상대의 맥락을 읽고 의미를 해석하는 데 초점을 맞춰야 한다. 상대를 제대로 이해할 때에만 비로소 관계도 정확하게 해석할 수 있고, 정확한 이해를 바탕으로 관계를 대할 때에만 비로소 적절한 거리를 찾을 수 있다.

강자 편

무조건 믿어도 괜찮을까?

오른팔이
뒤통수친다

한 회사 물류 팀에서 오랫동안 일했던 대학 동기는 연차도 쌓인 만큼 새로운 일을 하길 원했다. 경력에 관한 상담을 진행할 때, 동기가 팀장에게 부서 이동을 희망한다는 뜻을 전하자 팀장도 선뜻 동의했다.

이동할 부서를 탐색하던 중 마침 기획 팀에 빈자리가 생겼다는 소식을 접하고, 동기는 기획 팀 팀장과 면담을 진행하고 인사 팀과 부서 이동을 조율했다. 다가오는 정기 인사이동 시기에 다른 부서로 옮겨가는 것이 결정된 것이나 다름없었다.

부서 이동을 준비하는 과정에서 자신의 팀장에게도 진행 경과를 상세히 전달했다.

그러나 정기 인사이동에 관한 발표가 있기 이틀 전에, 인사 팀으로부터 연락이 왔다. 부서 이동이 불가능하다는 얘기였다. 동기는 팀장에게 면담을 신청하고 자초지종을 물었다. 팀장은 단지 '이사님 뜻'이라고만 말할 뿐, 구체적인 이유에 대해서는 침묵했다.

그렇게 공을 들인 계획이었기 때문에, 동기는 너무 분하고 당황스러워 담당 이사를 찾아가 진짜 이유를 확인하기로 마음먹었다. 그런데 이사가 들려준 말이 놀라웠다. "팀장이 나를 찾아와, 자네를 다른 팀으로 보낼 수 없다고 말했네. 자신이 설득하면 자네가 계속 남아 있을 것이라고 말이네. 나는 자네가 팀장의 의견을 받아들인 것으로 알고 있었네." 팀장이 본인의 의지를 '이사님 뜻'으로 둔갑시킨 것이었다.

담당 이사의 입장에서도 뒤통수를 제대로 맞은 꼴이었다. 자신이 주요 사업의 현안들을 챙기느라 바빠 담당 팀장에게 직원 관리를 거의 맡겼다고 하더라도, 자기 이름을 팔아 인사권을 행사할 수 있는 권한까지 준 적은 없었기 때문이다.

4피트

담당 이사에게는 너무나 억울한 일이었겠지만, 이사도 이번 일을 계기로 자신이 만든 벽에 스스로가 갇혀 있는 것은 아닌지 한번 되돌아볼 필요가 있다. 상사는 지나치게 부하 직원을 통제하고 관리하는 '마이크로 매니지먼트micro management'를 해도 안 되겠지만, 일에만 너무 몰두한 채 직원 관리를 등한시해서도 안 된다. 직원을 관리할 수 있는 적당한 권한을 팀장들에게 쥐여주면서도, 직원 한 사람 한 사람에 대한 관심을 유지해야 하고, 무엇보다도 핵심적인 인사 결정은 본인이 직접 챙겨야 한다.

실력은 없으면서 아랫사람에게 호통치고 깨알같이 지적하는 업무 방식 때문에 욕먹는 상사들도 많지만, 부하 직원과 적절한 거리와 관계를 유지하는 데 실패해서 직원들의 불만을 사는 상사들도 적지 않다. 특정 직원과 너무 가까우면 '편애한다'는 소리를 듣고, 너무 거리를 두면 '사람 다룰 줄 모른다'고 낙인찍히기도 한다. 아랫사람 입장에서 윗사람과 적당한 거리를 유지하는 것도 중요하지만, 상사 입장에서 어떻게 아랫사람들과 적당한 거리를 유지할 수 있을지 고민하는 것도 중요하다. 실력과 성과가 뛰어나 승승장구하던 사람들도 부하 직원을 잘못 두어 넘어질 수 있기 때문이다.

따라서 상사가 속마음을 모두 드러낼 정도로 아랫사람과 가깝게 지내는 것은 지양해야 한다. 부하 직원에게 지나치게 의존하는 것은 더욱더 피해야 할 일이다. 윗사람에게 필요한 권위와 위엄을 유지하면서도 아랫사람들에게 지지를 받기 위해서는 '치우침 없는 관계'를 유지해야 한다.

연애할 때를 떠올리면 보다 쉽게 이해할 수 있다. 상대에게 자신의 모든 것을 줄 기세로 집착하는 연인들은 나중에 큰 상처를 받는다. 극복하기도 힘들고, 그만큼 또 오랜 시간이 걸린다. 그렇다고 전혀 상처받지 않을 정도로만 관계를 유지하는 것도 문제다. 그런 연애는 공허할 뿐이다. 반면 애착과 분리를 훈련해 적당한 심리적 거리를 유지하는 연인들은 깊은 유대감을 형성할 줄 알고, 이별 후에도 제때 상처를 극복한다.

4피트

한 걸음 물러서고
한 걸음 다가가기

켈의 법칙 Kel's law에 따르면, 피라미드형 조직에서 직급 차이에서 오는 심리적 거리감은 제곱으로 증가한다. 직급이 멀어질수록 직급 사이에 더 두꺼운 벽이 존재하게 되는 것이다. 예를 들어, 아랫사람이 직속 상사와 '1'만큼의 거리감이 있다고 생각하면, 직속 상사보다 직급이 한 단계 더 높은 상사와는 '4'만큼의 거리감을 느끼는 것이다.

확실히 사원이 대리에게 느끼는 거리감과 과장에게 느끼는 거리감은 다를 수밖에 없다. 회의하는 자리에서 발언할 기회가 주어지지 않으면 먼저 말을 꺼내기도 쉽지 않다. 직급 사이에 느낄 수 있는 이런 심리적 거리를 공식으로 표현한 것이 켈의 법칙인 것이다.

이런 현상이 발생하는 이유는 단순하다. 피라미드형 조직에서는 수평적인 조직에서 이루어지는 양방향 커뮤니케이션보다 위에서 아래로 내려가는 일방적인 커뮤니케이션이 이루어지기 쉽기 때문이다. 따라서 손 놓고 있다가는 돌이킬 수 없이 멀어지는 것이 바로 상사와 부하 직원의 사이다.

이런 거리감을 줄일 수 있는 한 가지 방법은 '적절한 권한을 위임하는 것'이다. 직원은 자기 자신을 관리와 통제를 받는 대상으로 여길 때보다, 적당한 권한을 위임받아 자유롭게 일한다고 느낄 때 상사를 더 신뢰하는 경향이 있다. 상사를 향한 신뢰가 증가하면, 자연스레 거리감은 줄어들 수밖에 없다.

자기 결정권을 중요하게 생각하는 젊은 세대가 직장으로 유입하면서, 최근에는 '임파워링 리더십 empowering leadership'이 새롭게 주목받고 있다. 이 리더십은 '직원들에게 권한을 공유하고, 부하 직원들의 내적 동기부여를 이끌어내는 리더의 행동'을 의미하는 것으로, 직원들에게 자신이 하고 있는 일의 의미를 깨닫게 하고 의사 결정 과정에 직접 참여할 수 있도록 만들어, 서로 간의 신뢰를 형성하는 긍정적인 결과를 낳는다. 어떤 사람은 이것을 단순히 '지금 가지고 있는 결정 권한 가운데 일부를 직원들에게 나눠주는 것인가?' 하고 생각할 수도 있지만, 그렇지 않다. '임파워먼트empowerment'는 크게 다섯 가지 형태로 직장에서 나타날 수 있다.

먼저 조직에서 해야 하는 많은 의사 결정에 부하 직원들을 직접 참여시키는 것이 있다. 또 직원들이 알아야 할 회사의 경영 정보나, 업무 수행에 필요한 정보를 직원들과 공유하는 것도 임파워먼트의 한 형태라고 할 수 있다. 직원들에게 리더로서 본보기를 보여주거나, 자신이 직접 업무를 처리하는 과정을 보여주는 솔선수범도 필요하다. 직원들의 직장 생활이나 업무 수행에 대해 관심을 표현하는 것, 또 직원들을 훈련시키고 성장할 수 있도록 도움을 주는 것도 임파워먼트에 해당하는 행동들이다.

그러나 임파워먼트에도 양면성이 있다. 직원들에게 자율성을 주고 그 자율성을 바탕으로 스스로 의사 결정을 내리는 연습을 하도록 만든다는 점에서, 임파워먼트가 지닌 긍정적인 효과도 분명히 있다. 그렇지만 다른 한편으로, 임파워먼트를 전략적으로 시행하지 못할 경우 직원들이 자만심에 빠질 위험이 있고, 능력이 부족하거나 업무에 아직 미숙한 직원에게 과도한 권한을 쥐여줄 수 있다는 함정도 있다. 자율성을 추가적인 업무에 대한 부담으로 생각해, 오히려 직원들의 스트레스를 높인다는 연구 결과도 있다.

그럼에도 불구하고, 적절히 사용할 경우 임파워먼트는 독보다도 득으로 작용할 수 있다. 조직이 이제 막 생기기 시작했거나 구성원이 변화해 상사와 직원들 사이가 아직 단단하지 않을 때 임파워먼트는 해를 끼칠 수 있지만, 직원들에 대한 신뢰가 쌓인 상황에서는, 직원을 육성하거나 상사의 과도한 업무 부담을 줄이는 데 큰 효과를 거둘 수 있다.

뿐만 아니라 임파워먼트는 상사와 부하직원 사이의 심리적 간극을 좁히는 데 쓰일 수 있다. 평소 대화 한마디 하지 않던 사이라고 하더라도, 임파워먼트를 시행하는 상황에서는 서로 피드백을 주고받을 수밖에 없기 때문이다. 이때 상사는 직원이 하고 있는 업무에 대해 더 잘 들여다볼 수 있고, 직원이 가지고 있는 업무의 특성도 파악할 수 있다. 직원은 상사가 가지고 있는 사고방식을 익힐 수 있고, 업무를 처리할 때 겪는 고충을 들을 수 있다.

거리감을 줄일 수 있는 또 한 가지 방법은 '말하기'에 관한 것이다. 말하기로 성공한 리더와 실패한 리더의 실제 사례로, 한국 축구의 전성기를 이끌었던 히딩크 감독과 1년 만에 축구 국가대표 팀에서 쫓겨난 본프레레 감독을 보자.

히딩크 감독도 부임한 지 얼마 지나지 않아서는, 경기에서 강팀에게 큰 점수 차이로 패배해 '오대영(5:0)'이라는 오명을 썼을 정도로 국민들의 공분을 샀다. 그러나 히딩크 감독은 팀 분위기에 변화가 필요한 순간마다 "한국은 월드컵에서 세계를 놀라게 할 것이다", "16강 진출이라는 첫 번째 목표는 달성했지만, 나는 아직도 배가 고프다" 같은 말로 선수들의 자신감과 투지를 이끌어냈다. 그리고 히딩크는 선수들을 너무 감싸지도 않았고, 힘들어하도록 내버려두지도 않았다. 몇몇 선수들을 총애하면서 황태자나 파벌을 만들지 않았고, 선수들이 오로지 경기에만 집중하도록 만들었다.

반면 본프레레 감독은 적절치 못한 언어 표현으로 리더십에 오점을 남겼다. 본프레레 감독은 경기에서 패배한 후, 그 원인을 선수 탓으로 돌리는 듯한 발언으로 팀원들의 사기를 떨어뜨리고 선수들에게 신뢰도 잃었다. 결국 얼마 가지 못하고 감독 자신이 사퇴해야 했다.

이렇게 말 한마디도 팀원들에게는 커다란 영향력을 행사할 수 있다. 그 크기는 실제 행동이 발휘하는 영향력 못지않다. 단지 팀원들에게만 영향력을 미치는 것도 아니다. 말하는 사람 자신도 말이 너무 많거나 가벼울 경우 직원들에게 신뢰를 얻을 수 없을 뿐만 아니라, 기피 대상으로 낙인찍힐 수 있다. 말수가 너무 적어도 직장 동료들과 가까워지기 힘들고, 적당한 때 말을 하더라도 일 얘기만 한다면 주변 사람들과 어울리기 힘들어진다. 효과적으로 말하는 방법을 터득해야 직원들과 균형 잡힌 관계를 만들 수 있는 것이다.

그 방법들 가운데 한 가지만 예로 들면, 말할 때 눈높이를 맞추는 것이 있다. 어른이 어린아이와 대화를 나눌 때조차 허리를 반쯤 구부리고 눈높이를 맞춰야 서로 소통할 수 있다. 마찬가지로 상사도 듣는 사람이 누구인지 먼저 파악하고, 내용과 표현을 알맞게 사용할 줄 알아야 한다. 아무리 지식이 풍부한 상사라고 할지라도, 이야기할 때마다 혼자만 아는 어려운 용어를 사용한다면 상대방은 끝까지 듣기가 힘들어진다.

세대 차이를 염두에 두는 것도 중요하다.

"내가 신입 사원 때는 말이야, 회사에서 걸어 다니지 않고 무조건 뛰어 다녔어."

"15년 전만 해도 컴퓨터가 없어서 타자기를 썼는데, 요즘 사람들은 너무 편하게 일해."

"요즘은 일하는 것에 비해 급여를 많이 주는 거야. 옛날에는 기본 12시간에 100만 원도 못 받았어."

윗사람이 옛날과 지금을 비교하면서 이런 말들을 늘어놓을수록, 아랫사람은 윗사람과 세대를 구분해 거리를 두기 마련이다. 오히려 '꼰대'라며 확실하게 선을 그을지도 모를 일이다. 직원들과 대화할 때는 세대를 고려해 눈높이를 맞추는 세심함이 필요하다.

물론 실력도 없이 말솜씨만 좋은 것은 전혀 도움이 되지 않는다. 리더로서 성공하기 위해서는 무엇보다도 실력부터 갖추고 있어야 한다. 먼저 한 분야에서 전문가라는 평가를 들을 정도로 전문성을 쌓고, 그것을 말로 잘 전달해 직원들을 이끌어나갈 수 있는 사람이 참다운 리더라고 할 수 있다.

먼저 다가가기가 어렵다면, 관계가 일정한 범위 밖으로 벗어나 너무 멀어지지 않도록 방지하는 것도 방법이다. 그 가운데 한 가지는 '말을 바꾸지 않는 것'이다. 모든 관계가 그렇겠지만, 상사와 부하 직원의 관계도 결국 신뢰를 기반으로 한다.

신뢰가 어느 정도 쌓인 상태라면, 둘의 관계가 흔들리지 않고 적절한 균형을 유지할 수 있다. 그러나 말을 바꾸는 것은 이 신뢰를 한순간에 무너뜨린다.

송 팀장   고 과장은 작년에 승진했으니까, 올해는 후배들한테 양보 좀 해줘. 올해 손해 보는 것은 내년에 다시 보상해줄 테니까.

고 과장   팀장님, 저번에 승진한 김 과장님한테는 이렇게 안 하셨잖아요. 게다가 올해 초에 앞으로는 정확하게 평가하겠다고 팀원들 앞에서 약속도 하셨잖아요.

송 팀장   고 과장, 원래 이렇게 융통성이 없었나? 선배들도 다 똑같은 과정을 거쳤는데, 자네 지금 무슨 말을 하는 건가? 그리고 선배씩이나 됐으면서, 후배들한테 양보하기가 그렇게도 싫나?

원래 송 팀장에게 불만이 없었다고 할지라도, 고 과장은 이 사건을 계기로 그에게 신뢰를 잃었을 것이다. 또 앞으로도 깊이 신뢰하지 않을 가능성이 크다. 어려운 일처럼 느껴지겠지만, 상사는 일관된 메시지를 전달해야 한다. 상사가 계속 말을 바꾸거나, 여러 가지 뜻으로 해석할 수 있도록 모호하게 말하면, 구성원들은 진의를 파악하느라 시간과 노력을 허비할 수밖에 없다. 자신이 기억하지 못해 말을 바꾸는 것도 관계를 어긋나게 만들지만, 단순한 변덕으로 말을 바꾸는 것은 정말이지 의심과 불신만 낳을 뿐이다.

다른 한편으로, 리더는 반복적으로 이야기해야 할 것과 그렇지 않은 것을 구분할 줄 알아야 한다. 심리학자 헤르만 에빙하우스Hermann Ebbinghaus 교수는 실험을 통해 사람들이 새롭게 습득한 정보 가운데 약 70퍼센트를 한 달 안에 잊어버린다는 것을 밝혀냈다. 따라서 다른 사람을 설득하고 싶다면, 전달하려는 핵심적인 메시지를 여러 번 반복해야 한다. 만약 반복해 말하지 않으면, 상대방은 그 가운데 대부분을 한 귀로 듣고 다른 한 귀로 흘려버릴 것이다.

예를 들어, 조직의 비전 및 계획이나 핵심 가치는 회사에서 생활하는 데 충분히 스며들 수 있도록, 상사가 주기적으로 자리를 마련해 구성원들에게 전달해야 할 내용들이다.

반면 상사가 팀원들의 업무에 사사건건 관여하고 반복적으로 지시를 내리는 것은 반감을 살 수 있다. 구성원들이 이미 충분히 숙지한 내용을 쓸데없이 반복할 경우에는 오히려 관계를 해칠 수 있다. 돌이켜보건대, 상사를 피해 도망 다니던 직원들 대다수는 이런 잔소리로부터 달아난 것이었다.

그러나 관계를 해치지 않는 가장 좋은 방법은 경청하는 것이다. 문제는 상사의 위치에 서면 아랫사람의 말을 잘 듣지 않게 된다는 것이다. 이것은 상사들이 쉽게 저지르는 잘못 가운데 하나이지만, 지적하는 사람도 없기 때문에 또 잘 고쳐지지 않는 잘못이기도 하다. 지위가 높아질수록 듣는 귀도 함께 작아진다는 말이 그저 농담만은 아닌 것이다.

잘 귀담아듣지 않는 상사들을 가만히 지켜보면 몇 가지 특징들이 보인다. 이들은 먼저 부하나 동료가 이야기할 때 상대방의 눈을 잘 쳐다보지 않는다. 대화에 집중하는 대신, 스마트폰을 들여다보거나 다른 곳을 바라본다. 무언가를 메모하는 척하지만, 머릿속에는 온통 다음에 자신이 할 말만 맴돈다. 상대방이 자신과 다른 의견을 내비치면, 상대방의 말을 끊는다.

경청에도 단계가 있는데, 이런 상사들은 그 가운데에서도 가장 낮은 단계에 속한다. 이 단계는 상대방의 말을 듣는 대신, 자신이 대화의 대부분 또는 전부 이끌어나가려고 하는 수준에 해당한다.

그다음 단계는 상대의 이야기를 듣기는 하지만, 자신이 다음에 말할 내용을 준비하는 것에만 몰두한 나머지 상대방이 들려주는 내용의 의미나 속뜻은 파악하지 못하는 수준이다. 세 번째 단계는 이야기를 들으려고 노력하지만, 말하는 사람의 감정까지 이해하는 데 어려움을 겪는 수준을 말한다.

가장 성숙한 단계는 상대방이 말할 때 집중해 맥락과 속뜻을 이해하려고 노력하고, 나아가 말하는 사람이 어떤 감정으로 그 이야기를 하는지도 주의 깊게 듣는 것이다. 다시 말해, 상대방의 관점을 이해하는 데 초점을 맞추는 단계다.

미국의 대문호 어니스트 헤밍웨이 Ernest Hemingway는 "나는 신중하게 듣는 것으로부터 많은 것을 배웠다. 그러나 대다수 사람들은 제대로 경청하지 않는다"고 말했다. 경청이 중요하다고는 하지만 실천하는 것이 말만큼 쉽지는 않다. 그러나 올바르게 말하기 위해서라도 먼저 잘 듣는 것이 중요하다. 상대방이 기대하는 바를 파악하지 못한다면, 효과적으로 말하는 것도 불가능하기 때문이다. 이것이 비단 상사와 부하 직원 사이에만 해당하는 이야기는 아닐 것이다.

3장

친구보다 먼,
적보다는 가까운

동료 평가를 대하는
두 가지 태도

동료 평가를 도입하자 흥미로운 일들이 벌어졌다. 팀장 앞에 서만 일하는 척하고 상사들 사이에서 '예스맨'이었던 김 대리 가 동료 평가에서는 'C등급'을 받은 것이다. 평소 그의 행동이 못마땅했던 김 대리를 향해 동료들이 직격탄을 날린 셈이다. 팀장도 김 대리에게 농담 반 진담 반으로 "나한테만 잘하지 말 고 동료들에게 점수 좀 따야겠어!"라고 훈수를 뒀다.

보이지 않는 곳에서 열심히 일하는 동료들 뒤에 숨어 '무 임승차'를 했던 얄미운 직원들도 동료 평가를 통해 드러났다.

일도 제대로 하지 않으면서, 동료가 한 일을 마치 자신이 한 것처럼 말만 번지르르하게 하는 동료들의 정체가 하나둘씩 탄로 난 것이다.

반면 팀장들한테는 잘 알려지지 않았지만 동료들 사이에 입소문이 난 숨은 능력자들은 주목을 받았다. 팀장도 팀원들을 속속들이 알 수가 없는데, 동료 평가는 팀장들의 이런 답답한 속마음을 조금이라도 해소하는 역할을 한다.

그러나 동료 평가로 팀원들 사이에는 미묘한 갈등과 균열이 생기고 심리전이 펼쳐지기도 한다.

"이 대리가 정말 이럴 줄은 몰랐어. 그동안 친동생처럼 허물없이 대하고, 하나라도 더 도와주려고 한 것들이 후회되기까지 하네. 싫으면 차라리 말로 하지 그랬어. 이런 식으로 뒤통수치지 말고. 검은 머리 난 짐승은 믿지 말라더니, 이 대리한테 너무 실망이야."

"허 과장님은 일도 잘 안 하시면서, 평가는 제대로나 하셨는지 모르겠네요. 5년 동안 같은 부서에서 일하면서, 이렇게 사람을 볼 줄 모르시다니 놀랐어요. 그러니까 승진도 매번 뒤로 밀리

는 거 아니에요? 솔직히 다른 사람도 아니고, 어떻게 허 과장님
이 저한테 이러실 수 있어요? 내년에 한번 두고 보세요."

동료 평가는 다양한 시각에서 한 사람에 대한 정보를 수집
해, 보다 정확한 평가를 얻기 위한 것이다. 그러나 이것이 마치
인간관계를 시험하는 빌미가 되기도 한다. 동료 평가가 지닌
목적을 망각한 채, 사람들은 평가를 통해 상대가 자신을 얼마
나 가깝다고 생각하는지를 가늠하는 것이다.

자신에게 후한 평가를 내리는 상대는 자신을 가깝게 생각
하는 것으로 여기고, 자신에게 혹한 평가를 내린 상대는 자신
을 멀리한다고 생각한다. 사람마다 다른 사람에게 기대하는
정도도 있는 법이다. 가깝지 않던 사람에게는 큰 기대를 하지
않는다고 하더라도, 평소 가깝다고 생각한 사람에게는 더 기
대할 수밖에 없는 것이다. 기대하는 수준에 맞게 상대가 자신
을 평가하면 다행이지만, 기대 수준을 크게 벗어나 배신감을
넘어 화가 치미는 것을 느끼는 경우도 종종 있다.

자신을 갑작스레 박하게 평가한 동료에게 적개심을 느끼
는 것은 자연스러운 일일지도 모른다. 상대가 자신을 경쟁자
로 인식하거나, 자신에게 질투심을 가지고 있어 거짓으로 평

가했다고 생각할 수도 있다.

정작 상대방은 그런 식으로 생각할 가능성이 낮다. 오히려 동료 평가는 동료 직원들의 업무 능력을 평가하는 것이지, 감정적으로 좋은지 나쁜지를 평가하는 것은 아니라고 올바르게 받아들이고 있을 가능성이 크다. 단지 평가를 받는 입장에서는 누구나 이처럼 객관적으로 생각하기가 어려울 뿐이다.

그러나 올바른 평가가 이루어져야 그 평가를 바탕으로 더 성장할 수 있는 법이다. 직장에서 적절한 거리가 중요한 이유도 그 때문이다. 동료에게 야박한 평가를 받아 조금 주눅들 수는 있어도, 그 때문에 분노가 치밀어 오르거나 복수를 해야겠다는 마음이 들 정도로 평상시 너무 가까운 사이를 유지하는 것은 위험하다.

키 큰 양귀비 증후군과 착한 아이 증후군

집단생활에서는 여러 가지 이유로 사람 사이에 적당한 거리를 유지하는 것이 어렵다. 자신이 통제할 수 없는 주변 환경에 따라 남들에게 질투의 대상으로 여겨지고, 가까운 동료들과도 멀어질 뿐만 아니라 따돌림을 당할 수도 있다.

기업 영업 팀에 있었던 30대 후반의 매니저가 떠오른다. 그는 입사 이후에 기업을 대상으로 하는 영업만을 담당했기 때문에 끈끈한 네트워크를 구축했고, 실적도 좋은 편이었다. 또래 동료들보다 승진이 빠른 편이라, 30대 중반이라는 이른

나이에 팀장을 꿰차기도 했다.

하루는 굵직한 대기업에 대규모 납품 계약을 성사해서, 평소보다 두둑한 인센티브를 기대하고 있었다. 아니나 다를까, 사장이 그를 갑작스럽게 호출했다. 사장은 그를 이번 인사에서 임원으로 승진시키는 '발탁 인사'를 하겠다고 전했다.

30대 후반에 임원으로 승진한다는 소식을 듣고 기분은 좋았지만, 마냥 좋아할 수만은 없었다. 사촌이 땅을 사면 배가 아픈 법이다. 회사 안에서 숱한 시기와 질투를 받을 것이 뻔했다. 견디지 못해 회사를 박차고 나오더라도, 이미 높아질 대로 높아진 몸값으로 인해 다른 회사로 옮기기도 결코 쉽지 않을 듯했다. 한동안 커다란 일들이 휘몰아치고 나자, 매니저는 "가늘고 길게 직장 생활을 이어가는 것이 왕도가 아닐까 하는 생각이 든다"고 말했다.

'1억 포상'으로 내홍을 겪은 다른 회사의 사례도 있다. 혁신에 열려 있는 문화를 정착하고 성과주의를 강화하기 위해, 대표는 성과에 기여하는 아이디어를 제시하는 사람에게 1억을 포상하기로 결정했다. 회사 내부에서 대대적인 홍보가 이어졌고, 직원들도 연봉에 달하는 금액을 아이디어 하나로 받을 수 있다는 말에 한껏 고무되어 있었다. 특히 연구·개발 부서의 직원들은 자신들이 다른 부서 직원들보다 포상을 얻을 확률이 높다고 생각해, 매일같이 삼삼오오 모여 아이디어를 구체화하는 데 여념이 없었다. 야근은 물론이고, 휴일마저 반납한 채 직원들은 참신한 아이디어를 발굴하기 위해 심혈을 기울였다.

마침내 아이디어 공모 기간이 끝나고, 경영진의 심사가 이루어졌다. 포상에 걸린 금액이 큰 까닭에, 꽤 쓸 만한 아이디어들이 많았다. 당장 사업으로 전환할 수 있는 아이디어들도 적지 않았다. 여러 차례 논의를 진행해 최종적으로 우승자를 결정했고, 우승자에게는 계획대로 커다란 포상이 주어졌다.

그러나 조직 분위기는 그 이후로 급격히 달라졌다. 공모 기간까지 도전과 혁신을 향해 한껏 달아올랐던 분위기는 시기와 질투로 얼룩진 분위기로 뒤바뀌었다. 포상을 받은 직원을 단지 부러워하고 마는 사람도 있었지만, 자신이 받지 못한 것을 억울해하거나 납득하지 못하는 사람도 적지 않았다. 공정하고 객관적인 평가가 이루어졌는지에 대한 문제 제기가 이어졌고, 팀이 아니라 한 개인에게 전체 포상이 주어지는 것을 문제시하는 거센 비판도 이어졌다.

우승자는 성격 좋은 사람들에게는 부러움을 받기도 했지만, 은근한 따돌림과 빈정거림을 받을 때가 많았다. 가깝게 지내던 동료들도 그 직원에게 이상하게 거리를 두기 시작했다. 한 팀원은 회식 자리에서 술에 취해 이렇게 말하기도 했다. "그 아이디어, 송 과장이 혼자 만든 것도 아니잖아. 여기 앉은 팀원들이 협력해 만든 것이라고 생각하는 게 더 타당하지 않아?"

미묘한 갈등은 오랫동안 지속되었다. 팀워크가 예전처럼 회복되지도 않았다. 몇 달이 흐른 뒤에, 대표도 이 포상이 가지고 온 이상한 낌새를 알아차리고, 원래 기대했던 효과와 달리 여러 가지 부작용을 낳았다는 것을 인정하며 다시는 이런 제도를 운영하지 않겠다고 선언했다.

'모난 돌이 정 맞는다'는 속담이 있다. 너무 두각을 나타내면 미움을 받는다는 뜻이다. '쓸데없이 도전적이면 오히려 조직 생활에서 독이 된다.' '튀지 않는 것이 직장에서 오래 살아남는 안전한 길이야.' 이런 말들을 들어봤을지도 모르겠다. 비슷한 뜻으로, '키 큰 양귀비 증후군 tall poppy syndrome'이라는 말이 있다. 조화가 중요한 꽃밭에서 키가 큰 양귀비가 정원사의 눈에 가장 먼저 띄어 목이 잘린다는 뜻으로, 조직에서 이른바

'잘나가는' 사람을 용납하지 못하는 문화를 말할 때 사용한다.

키 큰 양귀비 증후군이 만연한 나라로는 호주가 자주 언급된다. 호주는 원래 원주민이 살고 있었던 곳에 영국이 죄수들을 강제로 이주시켜 식민지로 만든 국가다. 호주로 강제 이주당한 이들은 영국 사회에서 실패한 사람들이거나, 폭력적인 사람들이었다. 이들은 성공한 사람들을 탐탁지 않게 생각했고, 적개심을 품고 키가 웃자라면 잘라버려야 하는 '키 큰 양귀비'처럼 취급했다. 호주의 경제가 성장하던 시기에도 사회 저변에는 가장 창의적이고 활동적인 사람들을 '키 큰 양귀비'로 취급하는 인식이 있었고, 이런 인식은 현재까지도 이어지고 있다. 호주 같은 문화에서 성장한 사람들은 집단에서 튀면 시기와 질투를 받을 수 있다고 생각해, 1등을 할 수 있는 기회 앞에서도 한발 물러서는 경향이 있다.

타이거 우즈Tiger Woods가 나오기 전, 1980년대와 90년대에 골프계를 주름잡았던 호주의 그렉 노먼Greg Norman이 대표적이다. 그는 거의 다 잡은 우승을 실수 한두 번에 날려버리기로 아주 유명하다. 심리학자들은 그렉 노먼이 지나치게 튀는 것에 대한 심리적 압박감 때문에 우승을 놓치는 것으로 보고 있다.

또 다른 골프 스타, 아니카 소렌스탐 Annika Sorenstam 역시 키 큰 양귀비 증후군의 피해자다. 그녀는 한 매체에서 "주니어 선수 시절, 우승을 할 경우 인터뷰를 해야 하는 것이 두려워 일부러 2위를 하곤 했다"고 고백했다. 성인이 되고 나서는, 골프 경기에서 그런 두려움을 떨쳐내기 위해 '두려워 말자'는 뜻이 새겨진 모자를 쓰고 경기를 했다. 끊임없는 노력과 코치의 도움으로 키 큰 양귀비 증후군을 극복하지 못했다면, 그녀는 결코 골프 여왕으로 성장할 수 없었을 것이다.

그렉 노먼과 아니카 소렌스탐과 같이 뛰어난 재능을 갖고 있지 않은 경우에는, 색깔 없이 조용히 있는 듯 없는 듯 살고, 주변 사람과 갈등 없이 웃는 얼굴로만 지내는 것이 행복할까?

자기 성격과 상관없이 모나지 않게 직장 생활하는 것이 미덕이라 여겨지는 요즘이다. 여러 직장에서 부하 직원이 상사를 평가하는 '리더십 평가'나 동료들끼리 서로를 평가하는 '동료 평가'를 도입하면서, 화가 나는 일이나 불쾌한 일이 있어도 내색하지 못하고 꾹꾹 참는 직장인들이 많아졌다.

예전 같았으면 보고서가 마음에 들지 않을 경우 아랫사람을 질책했겠지만, 요즘에 그렇게 행동했다가는 곧바로 직원들 사이에서 리더십이 부족하다고 낙인찍히기 십상이다. 동료들 사이에서도 마찬가지다. 옆 동료가 무언가를 부탁하면, 일이 바쁘더라도 사양하지 못하고 들어줘야 뒤탈이 없다. 자기 일이 바쁘다는 핑계로 계속 거절했다가는 동료애도 없다고 소문 날지도 모른다. 윗사람이나 아랫사람이나, 이래저래 위, 아래, 옆으로 눈치를 보면서 직장 생활을 할 수밖에 없다.

더 나아가 '착한 아이 증후군good boy syndrome'에 빠져드는 직장인들도 있다. 언제나 웃고 있는 피에로처럼, 항상 좋은 사람이어야 한다는 압박감에 시달리는 것이다. 싫어도 좋은 척, 불쾌해도 아닌 척하고, 자기 본성과는 다르게 남을 의식하고, 남에게 늘 양보하고 맞추면서 살아간다.

콜 센터 팀을 맡고 있는 민 팀장의 사례를 보자. 민 팀장은 직원들의 성과 관리와 함께 악성 고객들의 민원을 해결하는 일을 주로 맡고 있다. 한마디로 화가 난 고객들이 직원들에게 윗사람 바꾸라는 식으로 말하면, 직접 나서 해결하는 임무를 맡고 있는 셈이다.

아래 직원들 가운데 실적이 매우 우수하지만, 고객들에게 불만 전화도 자주 받는 직원 하나가 있었다. 그 직원은 지키지도 못할 약속들로 신규 가입을 유치하기도 하고, 고객에게 알려야 할 내용을 제때 전달하지 않아 고객의 불만을 사고는 했다. 그는 불만 전화를 받으면 미안한 내색도 없이 그냥 팀장에게 전화를 돌리는 게 일상이었다. 팀장이 알아서 해결해 달라는 식이었다. 팀장은 그 직원의 고객 응대 방식이 못마땅했지만, 워낙 실적이 우수한 직원이라 싫은 소리도 제대로 하지 못했다. 그러나 직원 때문에 성난 고객들을 매일같이 상대해야 하는 것도 그 직원이 아니라 팀장인 자신이었다. 팀장은 웃는 얼굴로 직원들과 고객들을 대하고 있지만, 속으로는 하루가 다르게 곪아갔다.

착한 아이 증후군이 심해질 경우, 사람에 대한 불만과 화를 풀지 못하고 속으로만 삭이게 된다. 켜켜이 쌓인 불만과 화는 마음속에 시한폭탄을 만들고, 누구도 예상치 못한 자극과 상황에 갑작스레 터져버리고 만다.

관계 부적응과
요나 콤플렉스

여러 사례에서 드러나는 것처럼, 의외로 많은 사회인들이 사회생활을 어떻게 해야 하는지, 동료들과는 어떻게 지내야 하는지 몰라 힘들어한다. 물론 몰라서 힘들어하기도 하지만, 또 알면서도 실행이 어려워 '관계 부적응'을 겪으며 괴로워하는 직원들도 적지 않다.

직장에서도 요즘에는 과거처럼 후배 사원을 책임지고 챙겨주는 선배 사원이 정해져 있는 경우가 드물고, 그렇다고 동료 관계가 끈끈한 편도 아니어서 누구에게 의지하기도 쉽지 않다. 인간관계는 머리로 이해할 수 있는 부분도 있지만 경험을 통해 터득하는 것이 더 큰 부분을 차지하는데, 소셜 미디어에 익숙한 젊은 세대들은 새로운 사람을 만날 기회와 시간도 많지 않다. 게다가 취업도 점점 어려워지면서 그런 경험을 할 수 있는 시기 또한 늦어지고 있다.

상황이 이렇다 보니, 관계 부적응을 겪는 사람들은 점점 더 늘어나고 있다. 대다수 사람들이 다른 사람과 만나는 것을 힘들어하지만, 관계 부적응을 겪는 사람들은 그 정도가 더 심해 지나치게 긴장하고 불안을 느낀다. 이런 부적응을 안고 있는 사람들이 인간관계에 대처하는 방식은 다음과 같은 몇 가지 유형으로 정해져 있다.

혼자가 좋은 회피형

첫 번째는 회피형이다. 사람 대하는 일에 지친 사람들은 곧잘 혼자 있는 것을 선호한다. 이들은 사람과 만나는 일을 가능한 한 피하려고 한다. 예를 들어, 혼자 밥을 먹거나 혼자 술을 마시는 일이 이들에게는 쓸쓸한 일이 아니라, 마음 편하고 소소하게 즐거운 것이다. 혼자 밥을 먹는 '혼밥족'이나 혼자 술을 마시는 '혼술족'을 위한 메뉴가 점점 늘어나고, 관련 매출이 증가하는 것도 이런 이들이 점점 늘어나고 있기 때문으로 파악될 수 있다.

회피형은 다시 두 가지 유형으로 나눌 수 있다. 하나는 사람들이 자신을 싫어한다고 생각하거나 자신이 무시당할 수 있다는 두려움 때문에 다른 사람을 피하는 유형이다. 다른 하나는 사람들과 어울리는 것보다 자기 계발이나 취미 활동을 더 중요하게 생각해 인간관계 자체를 경시하는 유형이다.

겉으로만 친한 척하는 피상형

겉으로 보기에는 원만한 관계를 형성하고 있는 것처럼 보이지만, 속마음을 털어놓지 못하고 피상적인 대인 관계를 형성하는 유형도 있다. 이 유형에게는 '대인 관계는 성공을 위해 필요한 것일 뿐, 사람은 깊이 신뢰할 수 없는 존재'라는 생각이 마음속 깊이 자리 잡고 있다. 관계를 현실적인 이득을 위한 거래 정도로 생각해, 손해 보는 일은 절대로 만들지 않으려고 하고 자신의 약점도 결코 드러내지 않으려고 한다.

사람 사귈 줄 모르는 미숙형

다른 사람에게 다가가거나 친해지고 싶은 욕망은 있지만, 사람을 사귀는 기술이 부족한 사람들도 있다. 문제는 이들이 주변 사람들에게 단지 호감을 얻지 못하는 정도가 아니라, 불쾌한 존재나 귀찮은 존재로 여겨지는 경우가 많다는 것이다. 타인을 배려하는 마음이 부족한 탓이다. 이들은 상대가 넘지 않기를 바라는 선을 무의식중에 넘는 바람에 집단에게 배척당하기도 한다.

사람한테 매달리는 집착형

사람에게 강박적으로 집착하는 문제를 겪는 유형도 있다. 상대와 심리적인 거리가 일방적으로 너무 가까운 것이다. 이 유형은 끊임없이 상대의 관심과 애정을 갈구하는 욕구가 마음속에 자리 잡고 있다. 이렇게 집착하는 마음은 관계가 깨지는 것을 받아들이지 못해, 상대에게 매우 순종적이고 의존적으로 행동하도록 만든다. 사랑받는 것과 보호받는 것에 민감해, 늘 불안한 마음으로 자신을 향한 상대의 평가와 태도에 주의를 기울인다.

관계 부적응이 더 심해질 경우에는, 요나 콤플렉스Jonah complex로 이어질 수 있다. 요나 콤플렉스는 구약성경에 등장하는 요나의 일화로부터 유래한 것이다. 요나는 '곧 닥칠 하늘의 심판을 예언하라'는 신의 명령을 따르지 않고 배를 타고 도망을 가다가 큰 태풍을 만난다. 배가 침몰할 위기에 처하자, 요나는 이것이 신이 내린 명령을 거역한 자신 때문이라고 생각해 사람들에게 자기를 바다에 던지라고 말한다. 그렇게 바다에 빠진 요나를 어느 큰 물고기가 삼켰고, 요나는 그 물고기의 배 속에서 신을 향해 회개하고 기도했다. 사흘이 지나고 나서, 물고기는 육지에 요나를 뱉어냈다.

물고기가 요나를 지켜낸 것에 비유해, 요나 콤플렉스는 평화롭고 따뜻한 어머니의 배 속을 그리워하는 퇴행적 증상이나 행동을 의미하게 되었다. 태아 때 경험했던 엄마의 배 속은 어떠한 외부 공격에도 자신을 안전하게 보호해주는 공간이었기에, 그곳으로 숨어들고 싶은 것이다. 보통 요나 콤플렉스를 겪는 것은 현실에서 상처를 받거나 적응하지 못한 이들이다.

인간관계가 늘 긍정적일 수만은 없는 것이 현실이다. 이기적인 사람들에게 피해를 보기도 하고, 살아남기 위해 경쟁하

는 과정에서 서로를 향해 쏘아대는 화살에 상처를 입기도 한다. 사람에게 한두 번 상처를 입고 나면 사람이 무서워지고 누구에게든 쉽게 다가가지 못한다. 다가오는 사람조차 부담스러워 혼자 있기를 바라게 된다. 차츰 혼자 있는 것이 익숙해지고 사회성이 떨어질 때쯤, 크고 작은 상처를 또 한 번 입으면 그때부터는 자기 자신을 사회로부터 격리하기 마련이다. 어쩌면 '단단한 보호막을 두른 채 웅크린다'는 표현이 더 적합할지도 모른다. 더 이상 상처받지 않겠다는 강한 저항인 셈이다.

그럼에도 불구하고 사회 없이는 개인도 존재할 수 없다. 인간은 결국 사회적 동물이고, 여러 사람과 관계를 통해 사회성을 터득하고 살아가는 법을 배운다. 타인과 대화를 하면서 관계를 형성하는 기술을 배우고, 때로는 문제를 마주했을 때 다른 사람과 협력해 문제를 해결하기도 한다. 사회적 동물인 인간이 사회로부터 스스로를 가두면, 사회에 적응하지도 못하고 발전하는 것도 불가능해 결국 심각한 마음의 병을 얻는다. 웅크린다고 문제는 해결되지 않는다. 사람을 직접 마주해야 사람으로부터 얻은 상처도 치유할 수 있다.

따라서 문제를 더 악화시키기 전에, 스스로 자신과 직장 동료 사이의 거리를 평가해보는 것이 중요하다. 최근 갈등을 겪고 있는 동료가 있다면, 그 사람과 함께 있을 때 스스로 어떻게 행동하는지를 떠올려보는 것도 좋다.

이어지는 평가표를 작성해보자. 각 문항에 응답한 번호를 점수라고 생각하고, 그 점수를 모두 합산한다. ①이 1점이고, ④는 4점이다. 이전 평가와 마찬가지로 최소 점수는 3점이고 최대 점수는 12점으로, 점수가 낮을수록 동료와 가까운 거리라는 뜻이고, 점수가 높을수록 거리가 멀다는 뜻이다. 6점에서 9점 사이가 적절한 거리를 뜻한다. 여기에서도 너무 가까운 거리와 너무 먼 거리를 지양해야 한다. 다시 말해, 균형 점수에 해당하는 적당한 거리가 바람직하다.

동료와의 거리

1. 회사 휴게실에 갔더니, 동료가 혼자 앉아서 커피를 마시고 있다. 당신은 어떻게 행동하겠습니까?
   ① 동료 옆에 앉아 이야기를 나누며, 앞으로는 같이 휴게실에 오자고 말한다.

② 가까이 가서 인사를 건네고 주로 회사 업무에 대해 이야기한다.

③ 가까이 가서 인사만 하고 내 할 일을 한다.

④ 얼굴이 마주치면 인사를 하고, 그렇지 않으면 모르는 척하고 내 할 일을 한다.

2. 잠깐 짬이 났을 때, 동료들 몇몇이 사무실에서 이야기를 나누고 있다. 당신의 행동은?

① 이야기의 주제를 물어보고 대화에 적극적으로 참여한다.

② 가까이 가서 주로 듣기만 한다.

③ 좀 떨어진 곳에서 듣다가 이야기할 만한 다른 동료를 찾는다.

④ 대화에 참여하기보다 앉아서 내 할 일을 한다.

3. 출근하는 길에 멀리서 동료가 걸어가는 것이 보인다. 당신의 행동은?

① 달려가 인사를 건네고, 어깨동무나 팔짱을 끼고 이야기를 나누면서 함께 출근한다.

② 가까이 달려가 인사하고 함께 출근한다.

③ 그 자리에서 인사만 하고 따로 출근한다.

④ 모른 척하고 출근한다.

합계:

이렇게 직장에서는 수평적인 관계에 놓여 있는 여러 동료들과 호감에 따른 거리를 생각할 수 있다. 호감의 거리로 관계를 평가해보면, 한쪽에는 우호적인 성향이 있고 반대편에는 배타적인 성향이 있다는 것을 알 수 있다.

우호적인 성향을 지닌 사람들은 다른 사람에 대해 관심을 가지고 있는 편이고, 그렇기 때문에 먼저 다가가는 데 거리낌이 크지 않고 다가오는 사람에게도 경계심이 덜한 편이다. 이런 성향을 가진 사람들과는 쉽게 가까워질 수 있고, 정서적인 교감을 나눌 수 있다.

반면 배타적인 성향을 지닌 사람은 모든 면에서 반대다. '나는 나, 너는 너'라는 사고가 강해, 다른 사람에 대한 관심이 적다. 남에게 잘 다가가지 않고, 누군가가 갑자기 다가오는 것도 불편해하거나 귀찮게 여기는 편이다.

'힘의 거리'가 작용하는 상하 관계에서는 상사가 가지고 있는 성향과는 적절히 반대로 행동하면서 거리의 균형을 유지하는 것이 중요하지만, '호감의 거리'가 작용하는 동료 관계에서는 먼저 다른 동료들에게 자신이 가지고 있는 성향을 각인시키는 것이 중요하다. 상대와 거리의 균형을 맞추는 것은 그다음이다. 균형을 맞출 때는 상하 관계와 달리, 상대가 지닌 성향과 유사한 성향을 보이는 것이 적당한 거리를 유지하는 데 도움이 된다. 예를 들어, 배타적인 사람에게는 아무리 우호적으로 다가가려 해도 가까워지기는 쉽지 않다. 오히려 상대가 배타적일수록 자신 역시 적당한 거리를 두는 편이 좋은 관계를 유지하는 데 더 효과적이다.

3년을 결정하는 3초,
첫인상

첫인상은 고작 3초 만에 결정된다. 이것을 '3초 법칙'이라고 부르기도 한다. 실제로 대다수 사람들은 상대방과 대화를 나눠보기도 전에 외모나 목소리 등으로 그 사람의 첫인상을 판단한다. 심리학자 앨버트 메라비언 Albert Mehrabian 은 상대방에 대한 첫인상을 결정하는 데 영향을 미치는 정도는 외모와 표정이 55퍼센트, 목소리는 38퍼센트인 반면, 말의 내용은 고작 7퍼센트일 뿐이라고 말했다. 게다가 한번 자리 잡은 첫인상은 쉽게 변하지도 않는데, 상대방의 전반적인 평가에는 엄청난 영향을 끼친다. 즉각적으로 결정되는 첫인상은 좀처럼 깨지지 않아, 첫인상을 3초 만에 형성하는 법칙을 '콘크리트 법칙'이라고도 한다. 첫인상은 먼저 제시된 정보가 나중에 제시된 정보보다 훨씬 더 강력한 효과를 낸다는 '초두 효과primacy effect'의 한 가지 사례다.

첫인상에 대한 재미있는 실험이 하나 있다. 사회심리학자인 해럴드 켈리Harold Kelley가 제시한 실험인데, 그는 이 실험을 통해 관계를 유지하는 데에도 첫인상이 결정적인 역할을 한다는 것을 보였다. 먼저 켈리는 강의를 시작하기 전에, 학생들에게 강사 두 명의 프로필을 나눠주었다. A 강사의 프로필에는 '온화한 성격의 소유자'라는 평가가 들어 있었고, B 강사의 프로필에는 반대로 '차가운 성격의 소유자'라는 내용이 담겨 있었다. 수강생들이 프로필을 읽고 난 후에, 두 강사가 도착해 각각 20분 동안 강의를 진행했다.

강의가 끝난 후 강사의 성격에 대한 평가를 받았는데, 수강생들은 B 강사보다 A 강사가 유머 감각이 뛰어나고 사교적이며 따뜻한 사람이라고 평가했다. 질문을 할 때도 학생들이 두 강사를 대하는 태도가 달랐다. 강의가 끝나고 학생들 60퍼센트 가까이가 A 강사에게 강의에 대해 질문을 하고 의견을 교환한 반면, B 강사에게 질문한 경우는 고작 30퍼센트에 불과했다. 그 밖의 반복적인 실험을 통해 알 수 있는 것처럼, 따뜻하고 호감을 주는 첫인상은 첫 만남 이후에도 관계를 유지하는 데 중요한 영향을 미친다.

그렇다면 첫인상과 같이 처음 제시된 정보는 왜 이렇게 큰 영향을 미치는 것일까? 그 이유는 사람에게는 처음 들은 정보를 바탕으로 나중에 듣는 정보를 해석하는 경향이 있기 때문이다. '똑똑하고 성실하다' 같은 긍정적인 정보를 먼저 들을 경우, '고집이 세다' 같은 부정적인 특성도 긍정적인 바탕 위에서 보다 긍정적인 의미로 해석되는 것이다.

또 다른 이유는 우리 뇌가 기본적으로 게으르기 때문이다. 우리 뇌는 모든 정보를 꼼꼼히 검증하고 받아들이지 않는다. 그보다는 처음 받아들인 정보에 더 큰 가치를 부여하고, 그 뒤에 들어오는 정보에는 주의를 잘 기울이지 않거나 그 정보가 지닌 가치를 과소평가해버린다. 첫인상을 바꾸기 위해 노력해도 잘 바뀌지 않는 이유도 이 때문이다.

시간 약속에 민감하지 않은 신입 사원이 두 명 있다고 해보자. 한 명은 입사한 지 얼마 지나지 않아 세 차례 지각했고, 다른 한 명은 입사한 지 1년이 지나갈 때쯤 세 번 지각했다. 둘다 똑같이 1년 동안 세 차례 지각했지만, 직장 상사가 바라보는 그 둘의 이미지는 다를 것이다. 첫인상이 굳어졌기 때문이다. 둘 다 정시에 회사에 나타나지 않더라도, 첫 번째 사원을 떠올릴 때는 '또 지각'이라고 생각하는 반면, 두 번째 사원을 떠올릴 때는 '무슨 일이 생겼나' 하고 생각할 가능성이 더 크다.

사람 사이에서도 마찬가지다. 첫인상을 통해 인간관계의 첫 단추가 꿰어지는데, 첫인상이 좋으면 관계를 가까이 좁힐 수 있지만 그 반대라면 시작부터가 너무 험난할 수밖에 없다. 한 번 보고 말 사람이 아니라면, 누군가를 처음 만날 때 첫인상을 늘 염두에 두는 것이 좋다.

첫인상만 호감의 정도를 결정하는 것은 아니다. 타인과 관계를 맺는 것은 그 밖에도 여러 요인들에 영향을 받는다. 특히 고향이나 출신 학교는 물론, 함께 알고 있는 사람이 인간관계의 양상을 바꾸어놓기도 한다. 그러나 사실 처음 보는 사람이라도 그 사람이 자신과 아무런 관련 없기가 더 힘들다.

'케빈 베이컨의 6단계 Six Degrees of Kevin Bacon'라는 게임을 떠올릴 때 이 점은 분명해진다. 이 게임은 영화배우 케빈 베이컨과 특정 배우 사이에 가장 짧은 연결 고리를 찾아내는 것이다. 대학 친구들과 함께 게임을 개발한 브라이언 터틀Brian Turtle은 처음에는 단지 수많은 영화에 케빈 베이컨이 등장하는 것을 보고, 그가 '엔터테인먼트 세계의 중심'이라고 생각해 다른 배우들과 베이컨의 관계를 분석해봤다. 예를 들어, 케빈 베이컨과 엠마 톰슨Emma Thompson의 관계를 추적해보면, 엠마 톰슨은 영화 〈주니어Junior〉에서 파멜라 리드Pamela Reed와 함께 출연한 경험이 있고, 파멜라 리드는 영화 〈필사의 도전 The Right Stuff〉에서 에드 해리스Ed Harris와 호흡을 맞춘 적이 있는데, 에드 해리스는 영화 〈아폴로 13 Apollo 13〉에서 케빈 베이컨과 출연했다는 식이다.

게임 개발자들은 할리우드에서 활동하는 다른 배우들도 케빈 베이컨과 이런 식으로 연결하는 데 여섯 명도 거칠 필요가 없다는 것을 발견했고, 이 법칙을 '케빈 베이컨의 6단계 법칙'이라고 불렀다.

미국에 비해 국토의 면적이나 인구수가 상대적으로 적은 우리나라에서 거주하는 사람들은 보통 세 명 또는 네 명만 건너면 서로 아는 사이라고 한다. 우리나라 사람들이 유독 고향과 출신 학교를 잘 따지는 것은, 서로 더욱더 짧은 연결 고리를 만들기 위해서나 다름없다. 신입 사원 면접에서조차 고향이 어디인지, 어느 고등학교를 졸업했는지가 단골 질문이다.

사람들이 고향이나 출신 학교를 중요하게 생각하는 이유는, 자신과 '접점'을 찾고자 하기 때문이다. 공통점이 하나라도 더 있으면, 상대와는 아주 가까운 심리적 거리가 맺어진다. 고향이 같다는 이유 하나만으로 '예쁜 후배'나 '훌륭한 선배'가 되는 것이다. 한국에서 출세하려면 어느 지역의 어느 대학을 졸업해야 한다는 '성공 법칙'이 있을 정도다.

그러나 공통점은 서로를 연결해 금세 친숙하게 만들고 끈끈한 관계를 형성하도록 돕기도 하지만, 바로 그 때문에 여러 문제를 낳기도 한다. 파벌이 한 가지 사례다. 예를 들어, 한 회사는 신사업에 진출하면서, 관련 회사 하나를 인수해 직원들을 다시 알맞은 부서에 배치했다. 그 과정에서 출신에 따른 파벌이 생겼다. 새로운 사업을 야심차게 추진하기도 전에 내부 불만이 들끓었다. 식사를 따로 한다는 암묵적인 규칙이 생기는 한편, 승진도 공평하지 않다는 소문까지 사원들 사이에서 퍼졌다. 급기야 경영진 사이에서도 갈등이 극에 달하고 있다는 소식도 들려왔다. 회사 안에서 일어나는 여러 갈등은 결국 경영진을 교체하고 나서야 조금 잦아들었다.

첫인상도 마찬가지다. 우리가 첫인상에 그토록 집착하는 이유가 뇌가 지닌 게으른 특성 때문이라는 사실을 인지하고, 첫인상을 끊임없이 수정하려고 노력해야 비슷한 부작용을 없앨 수 있다.

신입 사원 면접에서 있었던 일이다. 회사에 탁월한 실력과 각종 끼로 무장한 취업 준비생들이 지원을 했다. '스펙'도 어마어마했다. 지원 서류를 보고 있던 면접 위원들은 "요즘 같은 시대에 태어났으면 나는 서류 통과하기도 힘들겠다"며 혀를 내둘렀다.

첫 번째 면접 팀이 입장을 했다. 해외 대학에서 석사 과정을 밟은 지원자, 대기업에서 인턴사원을 경험한 지원자도 있었다. 다양한 면접 경험이 있는 듯, 모두 막힘없이 자기소개를 해나갔다. 그런데 그 가운데에서도 유독 한 명이 눈에 띄었다. 언론사에서 인턴 과정을 경험했기 때문인지, 말도 조리 있게 잘하고 전공 분야에 대한 깊이도 상당해 보였다. 첫인상만으로는 최강 후보였다.

반면 맨 끝에 앉은 지원자는 너무 긴장한 탓인지 말을 제대로 이어나가지 못했다. 말주변도 없어 보이고, 스펙도 다른 지원들에 비해 평범했다. 이 지원자에게 관심을 가지는 면접 위원들은 거의 없었다.

면접이 끝나갈 무렵, 한 면접 위원이 '기업의 사회적 책임'에 대해 질문을 던졌다. 순서대로 발언이 이어지고, 맨 마지막 지원자의 순서가 되었다. 그런데 자기소개도 잘하지 못하던 지원자가 눈빛이 바뀌어 자기 의견을 하나씩 풀어냈다. 면접 위원이 맞장구를 치면서 더 많은 의견을 유도하자, 핵심부터 해법까지 차근차근 이야기를 이어나갔다.

면접이 끝나고, 최종 합격자를 둘러싼 의견은 둘로 나뉘었다. 언론사 출신의 지원자, 말주변은 크게 없어 보였지만 맨 끝에 앉아 핵심을 잘 짚어낸 지원자, 이렇게 둘이었다. 언론사 출신의 지원자가 조금 더 우세했지만, 결과는 인·적성 검사에서 뒤집혔다. 언론사 출신의 지원자에게 높은 심리 불안정과 공격성이 나타났기 때문이었다. 첫인상이 아주 좋은 지원자였던 까닭에, 모든 면접 위원들이 의아해했다. 첫인상에만 의존해 지원자들을 객관적으로 평가하는 여러 절차를 두지 않았더라면, 그 두 지원자의 합격 여부도 달라졌을 것이다.

무례하거나
무시하거나

호감을 늘 서로 주고받을 수 있는 것은 아니다. 호감은 일방적일 수도 있다. 아주 가까운 사이라고 생각한 상대가 실은 자신에게 거리를 두고 있을 수도 있다. 누구에게나 이런 경험이 한번쯤 있었을 것이다. 밥을 같이 먹거나 곧잘 어울려 다녔지만, 상대는 자신을 별로 친하다고 생각하지 않았던 경험 말이다. 먼저 놀자고 이야기하지 않으면 자신을 찾지 않는 친구들도 있었을 것이다. 또는 자신에게 아무것도 양보하지 않고 맞춰주는 것도 전혀 없는 친구를 만난 경험도 있을 것이다.

사회에서도 비슷한 경험을 하는 경우가 적지 않다. 사회생활을 시작하고 나서, 가장 자주 겪는 시행착오 가운데 하나도 직장 동료에 대한 오해다. 처음 입사했을 때는 신입 사원이라는 이유로 모두가 자신에게 친절하게 대해준다. 실수를 하거나 엉뚱한 짓을 하더라도 이해해주고 받아준다. 부서 사람들이 자신에게 친절하게 대하는 상황에 익숙해지면, 모두 자신에게 호감을 가지고 있다고 착각하게 마련이다. 그러나 어느 정도 시간이 지나면, 경쟁 관계도 생기고, 서로 신뢰할 수 없는 관계도 생기는 법이다.

앞에서 이야기한 것처럼, 호감에 따라 관계를 구분하면 한쪽에는 우호적인 성향이 있고, 다른 한쪽에는 배타적인 성향이 있다. 호감이 우호적인 성향을 나타낸다면, 무례함은 배타적인 성향을 대표한다. 요즘 젊은 세대들에게는 자신을 향한 호감이 기대 수준에 미치지 못하는 것이 오히려 크게 문제되지 않을 수 있다. 그보다는 직장 내에서 빈번하게 발생하는 자신을 향한 무례한 태도와 행동이 인간관계를 어렵게 만드는 큰 걸림돌이 되고 있다.

"박 대리, 요즘 부쩍 살찐 것 같은데, 건강도 좀 신경 써야지."

"남자가 남자다워야지, 계집애처럼 왜 이렇게 예민해?"

"허 대리, 지난 주말에 남자친구랑 어디 다녀왔어? 그런 곳은 남자가 싫어한다니까 그러네."

무례한 동료를 겪어본 사람들은 하나같이 그 상처와 충격을 잊기 어렵다고 말한다. 강한 감정과 연결된 기억들은 떠올리기 쉽고, 머릿속에서 더 자주 반복되기 때문이다. 무례는 우월감을 바탕으로 상대를 억누르고 조롱하는 것이다. 무례를 반복적으로 경험한 사람은 자존감을 잃고, 무력감에 빠지고, '또 당하지는 않을까' 하는 불안감을 경험한다. 그렇기 때문에, 무례한 행동에는 단호하게 대처해야 한다. 무례한 행동은 전염성이 빠르고, 보통 한 번으로 끝나지도 않는다.

배타적인 성향을 드러내는 또 다른 표현은 '무시'다. 무시 ignorance는 거절 rejection과 조금 다르다. 거절은 상대에게 의사 표현과 그 이유를 분명하게 전달하지만, 무시는 그렇지 않다. 무시는 분명히 드러나지 않고, 이 때문에 상대는 그것이 무시였다는 사실을 뒤늦게 알아차리기도 한다.

무시당하는 상황을 떠올리기는 쉽다. 상대가 인사를 받아주지 않거나, 무뚝뚝하게 반응할 때. 자신의 말이나 연락에 별다른 반응을 보이지 않을 때. 외모나 옷차림을 비웃을 때. 그 밖에도 의식적으로든 또는 무의식적으로든, 상대를 무시하는 여러 상황을 떠올릴 수 있다.

그러나 이렇게 다양한 무시도 서로 다른 유형으로 나뉠 수 있다. 사람으로 취급하지도 않는 무관심이나 소홀히 대하는 것이 대표적인 한 가지 유형이다. 욕설이나 폭언을 일삼거나, 감정적으로 막 대하는 행동은 또 다른 유형이다. 타인의 능력을 과소평가하고 성과를 인정하지 않는 것도 무시의 한 가지 유형에 속한다.

무례함만큼이나, 크고 작은 무시를 경험하는 일은 흔하다. 누구나 다른 사람과 의견이 다르거나 불만이 있을 때, 이것을 바로 해결하고자 자기 의견을 말했다가 무시당한 경험을 해본 적이 있을 것이다. 의견을 이야기하는 것을 두고, 심지어 '예의도 모르고 싸가지가 없다'고 지적받은 직장인도 있다. 무시도 무례와 마찬가지로, 반복적으로 경험할 경우 큰 정신적 스트레스로 이어질 수 있다.

이방인을 향한 무시

의사소통의 방식이나 성격 차이로 조직에서 무시당할 수도 있지만, 다른 이유로 관계에 벽이 생기는 경우도 있다. 사회에 첫발을 내딛는 신입 사원이나 이직을 결심한 경력 사원들이 부딪히는 무시가 그 가운데 하나다. 다니던 직장을 그만두고 미국에서 경영학 석사MBA, Master of Business Administration 학위를 받은 뒤, 다시 경력 사원으로 입사한 손 차장의 사례를 보자.

MBA 학위 때문인지는 몰라도, 손 차장은 또래보다 연봉이나 직급에서 더 좋은 대우를 받고 입사했다. 사내에서는 핵심 인재라는 소문도 돌았다. 그러나 주변 시선이 곱지만은 않았다. 회의에서 팀장이 손 차장의 의견에만 귀를 기울이고 따르는 일이 많아지자, 다른 팀원들은 "우리는 회의에 왜 들어가는 거야, 그냥 들러리일 뿐인데" 하고 냉소적인 반응을 보였다. 심지어 손 차장을 제외하고 팀원들끼리 의견을 정리해서 팀장에게 전달하는 일도 생겼다. 이 와중에 연말 인사에서 팀장이 다른 부서로 이동하면서, 그 자리를 손 차장 보고 대신하라는 발령이 났다. 사람들이 수군댔다. "굴러온 돌이 박힌 돌 뺐네."

손 차장은 한 가지 사례일 뿐이다. 경력 입사자들은 새로운 조직 환경에 적응하는 데 자주 어려움을 겪는다. 다른 직원들과 생기는 여러 마찰 때문이기도 하지만, 새로운 회사의 의사 결정 방식이나 업무 처리 방식이 낯설 수 있기 때문이다. 최근에는 경력자들이 새로운 문화에 적응하지 못해, 얼마 지나지 않아 다른 곳으로 이직하는 사례들도 어렵지 않게 볼 수 있다.

낯선 문화 때문에 '새 직장 증후군'이라고 부를 만한 정신적 스트레스를 겪는 사례도 있다. 이직한 지 6개월이 지나지 않은 직장인 120명을 대상으로 진행한 조사에서도, 직장을 옮긴 후 극심한 피로감이나 수면 장애 등을 겪는 사람들이 63퍼센트에 달했다. 이런 현상이 지속되면 우울증이나 신체 질병으로 발전할 수도 있다.

갑 회사 출신과 을 회사 출신

특정 회사에 다니는 것을 권력이라고 생각해 발생하는 무시도 있다. 이것은 보통 기업이 인수·합병을 거치고 난 다음에 잘 나타난다. 최근에는 시장에서 지배력을 더 확장하려는 목적으로 기업들 사이에서 인수·합병이 증가하고 있는데, 이렇게 합병하는 회사의 직원과 합병당하는 회사의 직원 사이에

묘한 갈등이 생기는 것이다. 합병 후에 같은 회사를 다니면서도, 소위 '갑'과 '을'의 관계가 암묵적으로 생기는 셈이다.

인수·합병이 일어나고, 인수한 기업에 다니던 직원들이 스스로 상대적으로 우월한 지위에 있다고 생각하고 행동하는 일은 단순히 다른 직원들의 기분이 상하는 데에만 영향을 미치는 것이 아니다. 아직 합병한 회사에 적응하지 못한 직원들은 원래 자신들이 속해 있던 회사에 대한 소속감을 곧바로 버리지는 못한다. 따라서 이렇게 무시하는 행동은 인수당하는 기업에 다니던 직원들이 이것을 빌미로 자신들끼리 결속하는 행위를 더욱 강화하도록 만든다. 한 회사에 다니는 두 집단 사이에 더 두껍고 견고한 벽이 세워지는 것이다.

그렇다면 무시에 대처하는 효과적이고 올바른 자세는 무엇일까? 바로 '경쟁자'가 되는 것이다. 서로 신뢰를 쌓을 수 있는 관계로 발전할 가능성이 거의 없다면, 차라리 실력 좋은 경쟁자의 위치에 서는 것이 낫다. 그렇게 할 경우, 이방인으로 취급받을지언정 무시당하는 경우가 적어진다. 경쟁자는 자신의 평가나 지위에 영향을 미치기 때문에, 상대도 경쟁자를 모른 척 무시할 수만은 없다.

권 부장도 4년 만에 해외 파견 생활을 마치고 국내 본사로 돌아왔을 때, 처음에는 동료들과 어색한 관계로 한동안 어려움을 겪어야 했다. 설상가상으로, 과거에 함께 일했던 동료들이 이미 회사 안팎으로 자리를 모두 옮긴 터라 대화할 상대조차 없었다. 15년 동안 근무한 경력을 가지고 있었지만, 처음 보는 직원들은 권 부장을 그저 새로 입사한 경력 사원쯤으로 여겼다.

그러나 또래 팀장들의 시선은 점점 달라졌다. 귀임할 당시에는 마땅한 팀장 자리가 없어 권 부장이 인사 팀 팀원으로 임시 발령받았는데, 연말 인사에서 어디로든 팀장으로 갈 확률이 높아졌기 때문이다. 모든 팀장들의 경쟁 상대가 되자, 팀장들은 권 부장의 일거수일투족을 경계하는 시선으로 바라봤다. 회의하는 자리에서도 권 부장의 의견에 크게 반대하거나 부딪치는 사람들이 없었다. 섣불리 반대했다가 적으로 받아들여질 경우 나중에 곤혹을 치를 수도 있다는 우려 때문이었다. 이에 따라 권 부장도 본사에 점점 더 적응할 수 있었고, 적응할수록 자신의 존재감도 더 크게 드러낼 수 있었다.

어떤 사람은 주변에 자신을 경계하는 경쟁자들이 많아지는 것도 고통이라고 말할지도 모르겠다. 그러나 그 고통이 무시당하는 것만큼은 아닐 것이다. 키플링 윌리엄스Kipling D. Williams 교수는 온라인 채팅방에 참여한 사람들을 대상으로 무시가 어떤 심리적 반응과 행동을 일으키는지를 실험했다. 그 결과, 채팅방에서 소외당하는 참가자들은 다른 사람들에 대해 냉소적인 반응과 분노를 보였다. 특히, 대화에 참여하는 과정에서 자신이 공정하게 대우받지 못했다고 지각할수록 폭력적으로 행동하는 경향을 나타냈다. 상대에게 무시를 당하고 스스로 '사람 취급을 받지 못한다'는 생각에 미치면, 분노를 넘어 폭력성을 드러낸다는 것이다. 설령 똑같이 고통을 받는다고 하더라도, 스스로 '점점 폭력적인 성격으로 변해가도록 무시를 당하는 것'과 '점점 실력이 향상되어 더 많은 사람들에게 인정받을 수 있도록 경쟁자로 인식되는 것' 사이에서 어느 쪽이 더 나은지는 분명해 보인다.

희생양

중국 후한 말기에 원술이라는 사람이 스스로를 황제라 칭하며 세력을 모으자, 조조는 이 세력을 토벌하기 위해 군사를 모아 출정했다. 그런데 전쟁을 치르러 가는 길에 홍수로 인해 막대한 군량을 소실해, 급기야 병사들에게 나눠줘야 할 최소한의 식량마저도 잃고 말았다. 전쟁을 해보지도 못하고 돌아가야 하는 상황에 처하자, 내부에서 불만이 높아지고 병사들도 하나둘 이탈하기 시작했다.

떨어질 대로 떨어진 사기를 세우고 무너진 기강을 바로잡기 위해, 조조는 군량을 관리하던 병참참모에게 군량을 빼돌렸다는 누명을 씌워 그를 사형에 처했다. 문제의 진짜 원인이 드러나지 않도록 가짜 원인을 만들고, 문제를 해결한 척 병사들을 속인 것이다. 병사들에게 사형 소식이 전해지자, 예상대로 불만과 내부 소요는 점차 수그러들기 시작했다.

이 이야기 속에서 병참참모는 억울한 희생양이다. 자신이 하지도 않은 일을 뒤집어쓰고 책임을 졌다. 그것도 자발적인 것이 아니라, 다른 사람의 책략으로 말이다. 얼마나 억울하고 분했을까. 세상에 억울한 것같이 사람을 힘들게 하고 괴롭게 만드는 일도 없는 법이다.

사회에서도 크고 작은 희생양들이 만들어진다. 어느 회사의 사업 팀에서는 새로운 사업을 모색하는 가운데 경쟁사가 아직 뛰어들지 않은 사업 영역을 발견하고 검토에 들어갔다. 실무자들은 관련 시장의 규모가 작은 반면 제품을 개발하기는 쉽지 않아, 사업 팀장에게 사업을 추진하지 말 것을 권유했다.

그러나 사업 팀장은 자기 의견에 긍정적으로 반응한 손 차장을 중심으로 태스크포스 팀 TFT, task force team을 꾸려 적극적으로 사업을 추진했다. 처음에는 시장을 선점했다는 이유로 성공적이라는 평가를 받았지만, 그 성공은 오래가지 못했다. 실무자들이 예측한 대로 품질 사고가 하나둘 터지기 시작한 것이다. 사업에 적극적이었던 팀장은 자신에게 비난이 쏟아질 것을 직감하고, 사업 초기에 제품을 기획할 때부터 문제가 있었다고 경영진을 설득해, 자신을 따른 손 차장에게 책임을 뒤집어씌웠다.

보통 어떤 직원이 이렇게 희생양으로 내모는 직장 동료는 자신과 아주 가까운 사람이기보다는, 조금 거리가 있으면서도 힘이 없어 역공을 펼칠 수 없는 사람이다. 어떤 문제가 여러 사람을 거쳐 발생했다고 하더라도, 집단은 어느 개인이나 소수에게 그 책임을 따져 묻는 경향이 있다. 이때 간사한 책략가들은 자신을 위협할 수 없는 사람에게 책임을 돌려놓고 나중에 생기는 화를 면한다.

한편으로, 이런 희생양이 비일비재하게 만들어지는 이유는 '방관' 때문이기도 하다. 직장에서 가깝게 지내는 동료들이나 팀원들이 나에게 억울한 일이 생겼을 때 발 벗고 나설까? 강 건너 불구경이라는 말처럼, 자기 일이 아니라고 팔짱 끼고 방관하지는 않을까? 경험한 바에 따르면, 불행하게도, 대다수는 방관한다.

길에 쓰러진 사람을 보고도, 돕지 않고 지나치는 이유 역시 '나랑 상관없으니까' 또는 '다른 누군가가 신경 쓰겠지' 하는 심리가 작용하기 때문이다. 사람들이 이렇게 생각하는 데에는 여러 가지 이유가 있다.

첫 번째는 책임감 분산이다. 한 사람이 들던 것을 세 사람이 함께 들 때, 한 사람이 들어야 할 무게는 삼분의 일로 줄어야 한다. 그러나 실제로는 그렇지 않다. 들여야 하는 힘보다 힘을 더 적게 들이는 사람이 생기기 때문이다. 한 사람이 충분히 들지 않는 만큼, 나머지 사람들이 무게를 더 짊어지는 것이다.

주변 사람들이 사태가 얼마나 심각한지 정확히 모르기 때문일 수도 있다. 무지로 인해 도움을 주지 않고 지나칠 수 있는 것이다. '도움이 필요하면 말을 하겠지.' '저 정도는 해결할 수 있을 거야.'

원래 자신의 책임이 아닌데, 도와주는 과정에서 책임질 일이 생길 수도 있다. 괜히 도와주겠다고 나섰다가 일을 그르칠 수도 있고, 원망을 들을 수도 있으니 사람들이 적극적으로 나서지 않는 것이다. '잘 모르면 모른다고 말을 하지', '일부러 일 망치려고 도와주겠다고 한 것 아니야?' 하는 소리나 듣지 않으면 다행이라고 여기기도 한다.

희생양을 만드는 간접적인 방식도 있다. 바로 '가십'이다. 말할 수 없는 일에 대해서는 침묵하면 좋으련만, 사실을 확인하지도 않은 채 온갖 억측과 주관적인 해석으로 상대방을 정신적으로 고통스럽게 만드는 일이 적지 않다. 문제는 가십을 공유하는 당사자들은 악의에서가 아닌 '재미'로 하는 일 정도로 착각한다는 점이다.

직장에서도 언어에 탁월한 사람들이 있다. 이런 사람들 가운데 일부는 '카더라' 통신을 자처해, 다른 사람의 일을 마치 소설 쓰듯 풀어내 주변에 전파한다. 가십의 생산자인 셈이다. 가십은 주로 사생활을 둘러싸고 일어나는 까닭에, 사람들의 흥미를 쉽게 끌고, 짧은 시간에 사람들의 입에 오르내린다. 소셜 미디어를 통해 급속하게 확산되기도 한다. 가십의 주인공만 모르고, 나머지 사람들에게는 '모두가 아는 비밀 아닌 비밀'이 되는 것이다.

직장에서 가십을 나누고 즐기는 것에도 분명 나름대로 이유가 있을 것이다. 예를 들어, 직장인들은 가십을 통해 공식적인 방법을 통해서는 얻기 힘든 비밀 정보를 얻을 수 있을 것이다. 또 '뒷담'을 공유하면서 직장 상사에게 억눌린 감정을 분출할 수도 있을 것이다. 당사자가 없는 상황에서 친한 동료와 그에 대한 험담을 나누는 것은 일하는 과정에서 억눌렸던 스트레스나 불쾌한 감정을 해소하는 데 도움을 주기도 한다. 가십은 특히 자신의 감정을 쉽게 드러내기 힘든 감정 노동자에게 긍정적인 기능을 할 수 있다.

사실 가십의 역사도 짧지 않다. 인간이 집단을 이루어 생활했을 때부터 함께해왔다고 해도 과언이 아니다. 이집트에서 발견한 기원전 상형 문자 가운데에는, 어느 한 노예가 그의 주인에 대한 가십이 주민들 사이에 퍼지고 있음을 주인에게 알리고 이것을 방지하기 위한 방법을 제안했다는 내용이 기록되어 있다. 기록이 남아 있기 훨씬 이전에도 가십은 존재했을 것이고, 그만큼 사람이 살아가는 과정에서 자연스럽게 발생하는 현상으로 볼 수 있다.

그러나 가십은 업무 집중을 방해해 생산성을 저하시키기도 한다. 게다가 험담에 초점이 맞춰져 있는 가십은 일시적으로 쌓였던 감정을 해소하는 데 도움이 될 수는 있지만, 오히려 '듣는 사람이 누설하지는 않을까', 또는 '다른 사람 귀에도 들어가지는 않을까' 하고 스스로를 노심초사하게 만들 수도 있다. 내 경험을 말하자면, 가십은 보통 돌고 돌아 당사자의 귀에도 들어간다. 가십이 몇 가지 긍정적인 효과를 가지고 있다고 하더라도, 사실에 근거하지 않은 험담은 결국 서로에게 상처만 남길 뿐이다.

적인지 동지인지 모를,
친적

개발자로 입사한 한 신입의 이야기다. 그는 입사하고 일이 너무 재미있어서, 지치지 않고 일했다. 대학 연구실에서 생활할 때만 하더라도 교수가 준 연구 과제에만 매달려야 했지만, 회사에서는 자신이 하고 싶은 과제를 제안할 수도 있었고, 성과가 바로바로 눈에 보이자 흥분을 늦출 수 없었다. 때마침 회사에서 아이디어 경진 대회가 열렸다. 그는 경험 삼아 참여하기로 했고, 일과가 끝난 뒤 회사 연구실에서 밤늦도록 대회를 준비했다. 그런데 덜컥 대상을 거머쥔 것이었다.

문제는 이때부터였다. 연구원으로 시작한 직장 생활이 꼬이기 시작한 것이다. 축하는 잠시뿐이었다. 상사와 동료들의 축하가 따가운 시선으로 바뀌는 데에는 오랜 시간이 걸리지 않았다. 팀장은 자신이 시킨 일을 그가 제때 마무리하지 못할 때마다 경진 대회를 거론했고, 시킨 일을 제때 끝마치더라도 우승한 일을 거론하면서 비꼬았다. 동료들도 크게 다르지 않았다. 잘못하지 않은 일로 핀잔을 들을 때마다, 동료들은 한마디씩 거들어 신입을 나무랐다. 대회에서 우승한 것을 실력이 아니라 운 때문이라고 폄하하고, 가까운 다른 동료와 신입 사이에서 이간질도 했다.

　인정받는 사람을 곱지 않은 시선으로 보고 싶은 욕망을 이해하지 못하는 것은 아니다. 배가 아플 수도 있다. 질투가 날 수도 있다. 그러나 인정받을 자격이 있는 사람을 인정하지 못한다면, 자신이 인정받아야 할 위치에 섰을 때도 누구도 인정하지 않으리라는 것을 기억할 필요가 있다. 그러나 그렇게 시기하는 대상들이 서로 가장 의지해야 할 다른 동료들인 사례를 볼 때는, 정말이지 마음이 아프다.

　요즘 회사에서는 일이 많은 동료를 위해 함께 야근하고 도와주는 사람, 어려운 과제를 맡고 있는 동료에게 먼저 다가가 아이디어나 유용한 정보를 주는 사람들이 드물다. 그보다는 약점을 보이면 오히려 집요하게 들춰내고, 자신보다 약하다고 여겨지면 당장 짓누르려고 하고, 조금 튀기라도 하면 집단 차원에서 왕따를 시키는 것이 우리에게 점점 더 익숙해지고 있다. 어떤 사람에게는 이것이 당연한 순리처럼 보일지도 모르겠다. 직장 생활은 생존 경쟁이고, 결국 자연에서처럼 경쟁에서 우위를 점하는 자가 살아남는다고 말이다.

그러나 이것이 바뀔 수 없는 절대적인 진실은 아니다. 물론 폭력성 짙은 게임에나 나오는 이야기로 치부할 수만도 없다. 그렇다면 우리는 어떻게 행동해야 할까?

한 가지 답은 '친적 frenemy'이다. '친구 friend'와 '적 enemy'을 합성한 단어인 친적은 함께 성장하는 동료이지만 동시에 경쟁하는 관계를 일컫는다. 친적은 롤 모델이 아니라 서로 교류하면서 지식과 노하우뿐만 아니라 업무에서 느끼는 정서를 공유할 수 있는 상대를 의미한다. 상하 관계라기보다는 수평적인 관계로서, 도움뿐만 아니라 서로에게 자극을 줄 수 있는 관계라고 볼 수 있다.

구글Google을 창업한 세르게이 브린Sergey Brin과 래리 페이지Larry Page가 대표적이다. 그들은 서로에게 가장 훌륭한 동료이자 경쟁자일 것이다. 성격은 서로 다르지만 비슷한 관심사를 가진 두 사람은 대학 때부터 경쟁하는 과정에서 서로를 자극하고, 치열한 토론을 통해 더 폭넓은 지식을 쌓았다. 다르면서도 비슷한 두 사람의 조합은 창업 초기에 큰 시너지를 발휘했다. '디지털 유토피아'를 만들겠다는 공통된 비전을 가지고, 외향적인 브린이 대외적으로 사업을 주도하는 반면, 신중하고 분석적인 페이지는 기술 개발을 비롯해 기업을 안으로 챙기며 구글의 규모를 키웠다. 너무 가깝지도 않지만 지나치게 멀지도 않은 거리에서, 서로에게 의지하는 한편으로 서로에게 경쟁심을 부추기기도 하는 이 관계가 두 사람이 지닌 가장 커다란 자본이었을 것이다.

앞에서 반복해 이야기한 것처럼, 사회에서뿐만 아니라 가까운 동료 사이에서도 '동등한 관계'를 유지해야 건강한 관계를 이어갈 수 있다. 이 균형이 어느 한쪽으로 기울면 힘의 논리가 지배하고 결국에는 관계가 깨진다. 관계를 개선하는 과정도 이 균형을 찾아가는 것이나 다름없다. 그리고 이렇게 또래끼리 동등한 관계를 형성하는 데 '친적'은 좋은 모델이 될 수 있다. 이 모델은 서로에게 지나치게 의존적이지 않도록 너무 가까워지는 것을 방지하고, 서로의 발전을 도와 너무 멀어지는 것을 방지한다.

그러나 대다수 친적들은 오히려 위험하다는 사실도 인식해야 한다. 조직 심리학자인 애덤 그랜트Adam M. Grant는 "순수하게 적대적 관계인 사람들과 협력 관계를 맺는 것"이 차라리 훨씬 더 현명할 때가 많다고 말한다.

애덤 그랜트 교수만 그렇게 생각하는 것은 아니다. 여러 연구들이 그랜트를 지지한다. 그 가운데 한 가지는 주디스 화이트Judith White가 실행한 연구인데, 그 연구는 우유와 달걀을 먹지 않는 엄격한 채식주의자인 '비건vegan' 집단과 유제품과 달걀을 섭취하는 '베지테리언vegetarian' 집단에 관한 것이었다. 이 두 집단에게 상대 집단에 대한 평가를 시행하도록 했는데, 놀랍게도 비건 집단은 베지테리언 집단을 오히려 채식주의자인 척만 하는 가식적인 집단으로 여겼다.

정치 영역에서도 동일한 결론이 나온다. "가장 보수적인 정당 당원들은 자신들과 가장 유사한 정당보다 진보 정당을 더 호의적으로 평가했고, 가장 민주적인 정당은 가장 보수적인 정당보다 진보 정당을 훨씬 가혹하게 평가했다.”

다른 분야의 비슷한 연구들도 같은 이야기를 한다. 어떤 두 집단이 가지고 있는 가치는 두 집단을 단단히 묶어주기도 하지만, 그 가치에 작은 차이가 생길 경우 두 집단은 서로 가장 적대적인 관계로 돌아설 수 있다는 것이다.

그렇다면 좋은 친적은 어떻게 찾을 수 있을까? 사회학자인 정우석 Wooseok Jung, 브레이든 킹 Brayden King, 세라 소울 Sarah Soule 세 사람은 서로 완전히 이질적으로 보이는 두 집단이 어떻게 사회운동을 통해 변화를 이끌었는지 조사했다. 예를 들어, 환경 운동가들과 동성애자 인권 운동가들, 여성 운동가들과 평화 운동가들, 미국 해병들과 원주민들이 그 집단들이다.

연구자들은 이렇게 서로 극명히 다른 집단들이 연대를 결성하도록 만든 요인을 찾아냈다. 그것은 집단들이 서로 '명분'이나 '목표'를 공유하는 것이 아니라, 명분과 목표에 이르는 '방법'을 공유한다는 점에 있었다. 이것을 과학자들의 집단에 비유할 수도 있겠다. 과학자들은 서로 공통점이 거의 없어 보이는 주제들을 연구하는 것처럼 보이지만, 그들은 사실 느슨한 방식으로 과학적 방법론을 공유한다. 과학자는 때때로 '어떤

것'을 믿는지가 아니라 '어떻게' 믿는지가 중요하다고 말하고
는 하는데, 이것이 바로 과학자들의 공동체가 여러 전문가 집
단 가운데 가장 성공적인 집단으로 꼽히는 이유일지도 모른다.

4장

불면증과
무기력증 사이

일밖에 모르는 직원과
일을 모르는 직원

아직까지도 일이 전부인 것처럼 생각하는 사람들이 적지 않다. 일과 생활이 서로 밀착해야, 일에 대한 몰입이 높아지고 성과도 높아진다고 생각하는 것이다. 그러나 일에 몰입한다는 것은 일할 때 집중한다는 뜻이지, 일하지 않을 때도 일을 생각한다는 것을 의미하지 않는다. 일밖에 모르는 사람들은 자신이 일에 중독되어 있는 것은 아닌지 스스로 의심해봐야 한다. 마치 도박에 중독된 것처럼 잠시라도 일에서 손을 떼어야 할 때 불안감을 느끼고, 자신이 하지 않으면 안 된다는 강박관념에 사로잡혀 있지는 않은지 되돌아봐야 한다. 은퇴한 다음 상실감과 허탈감을 느끼면서 우울증을 겪는 중년들도 스스로를 돌아봐야 한다.

정반대인 사람들도 있다. 일에는 관심이 거의 없고, 의욕을 상실한 채 직장 생활을 이어가는 직장인이 그들이다. 일과 심리적 거리가 지나치게 멀리 떨어져버린 것이다. 일하고자 하는 의욕이 없기 때문에, 성과도 좋을 수 없다. 성과가 좋지 않아 직장에서 인정을 받기가 힘들고, 직장에서 인정받지 못해 또다시 의욕이 줄어드는 악순환에 빠져든다.

일에 너무 파묻혀 일밖에 모르는 직장인으로 지내서도 안 되겠지만, 무기력에서 헤어 나오지 못하는 직장인으로 하루하루를 보내서도 안 된다. 인간관계를 대할 때처럼, 일을 대하는 심리적 거리감 역시 적절한 균형점을 찾아야 한다. 인간관계의 거리를 측정할 수 있는 것처럼, 일과 자신의 거리도 측정하는 것이 가능하다. 자신이 평소에 일을 대할 때 어떤 태도인지 생각해보고 다음 문항에 답해보자.

4피트

일과의 거리	그렇다	보통	아니다
1. 휴일이나 휴가 때도 수시로 회사 메일을 확인한다.	A	B	C
2. 해야 할 일이 없으면 불안하다.	A	B	C
3. 당장 내일 마감해야 할 일이 아니더라도, 초조한 마음에 늦게까지 일을 하는 편이다.	A	B	C
4. 일할 때 느꼈던 감정이 퇴근 후에도 이어진다.	A	B	C
5. 일 이외에는 개인의 삶이랄 것이 마땅히 없다.	A	B	C
총점 ( )점			

각 문항별로 응답한 것을 '그렇다(A)→0점', '보통(B)→50점', '아니다(C)→100점'로 환산한다. 환산한 점수를 모두 더한 뒤, 5로 나누면 평균 점수다. 평균 점수가 40점 이상 60점 미만일 경우 적정 거리에 있는 것이고, 40점보다 낮을 경우는 일과 너무 가까운 거리를 유지하는 것이고, 60점 이상일 경우에 일과 지나치게 멀리 떨어져 있다는 뜻이다. 일과 관계가 가깝다는 것은 강박적으로 일에 매달리고 일밖에 모르는 '일 중독자'에 가깝다는 것을 말하고, 반대로 일과 관계가 멀다는 것은 오히려 일에 관심이 없거나 무기력한 상황을 말한다.

일밖에 모르는 직원

사회생활이 길어질수록 우리는 일이 삶에서 매우 큰 부분을 차지한다는 것을 깨닫게 된다. 하고 싶어 하는 일을 하면서 행복을 느끼기도 하고, 때때로 목표하는 바를 이루거나 좋은 성과를 거두어 성취감을 경험하기도 한다. 일이 자아실현을 하는 통로처럼 보이는 것이다.

그렇다고 일이 전부라고 생각하는 상황은 반드시 경계해야 한다. 워커홀릭처럼 일에 중독되는 순간, 일상에서 많은 부분을 잃어버리고, 자신으로 인해 다른 사람에게 돌이킬 수 없는 상처를 입힐 수 있기 때문이다. 안타깝게도, 주변에서 이런 경우를 찾아보기는 어렵지 않다.

반평생을 한 직장에서 몸 바쳐 일했던 한 대기업 임원이 있었다. 잦은 야근과 출장 때문에 가족과 오롯이 함께 보낸 날들은 손에 꼽힐 정도였다. 가족보다는 일이 항상 우선이었고, 그것을 당연하게 생각했다. 때때로 술자리에서 "이사할 때, 강아지를 꼭 껴안고 있어야 가족한테 버림당하지 않는다"고 우스갯소리를 늘어놓기도 했지만, 정작 자신은 이 농담과 무관하다고 생각했다. 그러나 임원으로 퇴직하고 나서, 얼마 후에 아내가 이혼을 요구했다.

일 잘하기로 소문났던 나의 선배도 다르지 않았다. 누구보다도 열심히 일했고, 똑똑했고, 그만큼 인정도 받았다. 팀장뿐만 아니라, 동료들에게도 신임이 두터웠다. 그런데 갑작스러운 인사이동으로 팀장이 바뀌면서 모든 게 달라지기 시작했다. 팀의 업무나 사정에 밝았던 선배는 새로운 팀장과 의견 충돌이 잦아졌다. 책임자가 아닌 만큼, 한 걸음 물러나 팀장에게 믿고 맡길 법도 했지만, 선배는 팀장을 가만히 보고만 있지 않았다. 일에 대한 욕심 때문이었다. 결국 승진 인사에서 동료에게 밀렸다. 그 후로 선배는 긴 슬럼프를 겪어야 했고, 어쩔 수 없이 이직을 선택했다.

"나에게는 일과 삶의 구분이 없었다. 삶이 곧 일이었고, 일이 곧 삶이었다." 성공한 커리어우먼이자, 워커홀릭의 아이콘이라고 불리는 칼리 피오리나 Carly Fiorina의 말이다. 더 성공하면 안정을 찾을 것이라는 생각도 착각에 가까운 것이다. 그녀는 휴렛패커드의 최고 경영자 자리까지 올랐지만, 그녀에게 남은 것은 성취감보다는 그동안 홀로 가족을 챙겨야 했던 남편에 대한 미안함이었다.

직장에서 상사나 동료들과 적절한 관계와 거리를 유지하

는 것도 중요하지만, 자기가 좋아하는 일이 무엇인지 정확하게 찾고 그 일과 심리적 거리를 적절히 유지하는 것은 그보다도 더 중요하다. 지나치게 일과 멀리 떨어진 탓에 '일에 관심 없는 사람'으로 낙인찍히지는 말아야겠지만, 일에 너무 몰입한 나머지 '일밖에 모르는 사람'으로 스스로를 가두지도 말아야 한다.

일을 모르는 직원

요즘 젊은 세대가 개성이 강하고 개인주의적이라, 자기가 하고 싶은 일만 좇는다고 지적하는 목소리들이 들려온다. 그러나 실제로는 취업 자체가 힘들 뿐만 아니라, 자신이 무엇을 하고 싶어 하는지 분명히 알고 있는 경우도 드물다. 성적에 맞게 학과를 고르고, 졸업을 앞두고 취업을 준비하다가, 공무원이나 고시를 준비하거나, 그마저도 시기를 놓쳐 방황하는 이들도 적지 않다.

스스로를 연애, 결혼, 출산, 집, 경력 다섯 가지를 포기한 '오포 세대'라고 자조하는 것은 이제 진부해지기까지 했다. 서울에 있는 상위권 대학을 졸업했지만, 몇십 군데에 입사 지원서를 내도 번번이 떨어지는 것이 요즘 세대다. 그나마 일과 생활의 균형을 보장하는 공무원에 도전하지만, 이것도 경쟁률이 너무 높아 2년 동안 준비를 해도 합격할지조차 불분명하다. 합격자는 소수일 뿐, 이렇게 공무원 시험에서도 떨어진 대다수 불합격자들은 다시 마음을 다잡고 입사 준비를 하지만, 나이는 어느덧 20대 후반이다. 경제가 더 어려워지고, 서류 통과는 더 힘들어진다. 취업에만 전념할 수 없어, 낮에는 물류 회사에서 배달을 하거나 밤에는 편의점에서 아르바이트를 하면서 생활비를 벌기도 한다. 월세도 점점 감당하기 힘들어져, 방 하나를 여러 명이 함께 쓰기도 한다. 이런 상황에서 무언가를 '하고 싶다'는 생각이 끼어들 여지가 많아 보이지는 않는다. 결혼과 집 장만은커녕 연애도 사치라고 생각하게 되는 것이다.

설상가상으로, '4차 산업혁명'이 시작되면서 지금 있는 일자리마저 점점 줄어들 전망이다. 한국고용정보원은 〈4차 산업혁명 미래 일자리 전망〉 보고서에서 앞으로 일자리가 어떻게 변해갈지 전망했다. 연구 개발자, 공정관리자, 판사와 검사 같은 직업은 로봇이나 IT 기술로 대체하기 어려운 직업으로 조사된 반면, 숙련도가 높지 않고 정형화된 일들이 많은 콜센터 및 안내 데스크 직원, 은행원, 창고 관리자는 기술 발전에 따라

175

사라질 위기에 놓인 직업으로 꼽혔다.

　사실 '미래'라고는 하지만, 바로 눈앞에 다가온 현실이나 다름없다. 얼마 전만 하더라도, 일본의 한 보험회사는 보험금 지급액의 적정성 여부를 평가하는 업무에 사람을 대신하여 인공지능artificial intelligence을 투입하기로 결정했다. 보험회사는 보험금을 신청한 보험 가입자들의 의료 기록, 입원 및 통원 기간, 수술 경험 및 수술 절차에 대한 정보를 수집하고 분석해야 하는데, 사람보다 인공지능이 이 업무를 처리하는 속도와 정확도가 더 높다고 판단한 것이다. 회사는 인공지능에 투자할 금액으로 20억 원, 유지 및 보수에 필요한 비용으로 연간 1억 5,000만 원을 예상하고 있다. 그러나 인공지능을 도입한다는 것은 그 일을 맡던 사람이 더 이상 필요하지 않게 된다는 것이나 다름없다. 회사는 인공지능을 도입하고, 직원 34명을 감축할 계획이라고 발표했다. 인건비 14억 원을 절감할 수 있다는 이유 때문이다.

　사람을 대신해 인공지능이 일하는 것을 넘어, 어느 기업은 벌써 사람을 채용하는 데에도 인공지능을 이용하고 있다. 이 회사는 지원자들이 제출한 수많은 지원서를 분석해, 회사에 가장 적합한 사람을 선별하는 데 인공지능을 활용하고 있다.

인공지능이 '딥 러닝 deep learning' 방식을 통해 과거에 채용한 사람들과 성과를 분석해 가장 적합한 조합들을 미리 산출하고, 이 조합에 들어맞는 지원자들을 우선적으로 선별하는 것이다. 회사 관계자는 "면접자가 특정 대학교 등을 선호하거나 평가 과정에서 범할 수 있는 오류를 최소화하기 위한 목적으로 도입했다"고 말한다.

비슷하게, 다른 기업에 인재를 추천하는 어느 서비스 기업은 회사에 가입한 개인 회원들의 경력과 특성을 인공지능을 활용해 분석하고 데이터베이스에 저장하고 있다. 타 기업으로부터 인재를 추천해 달라는 의뢰가 들어오면, 인공지능이 해당 기업의 요구 사항을 분석해 가장 적합한 인재를 바로 제안하도록 하는 것이다.

일자리가 점점 더 줄어들어 장기적으로 취업이 어려워졌지만, 요즘에는 그렇게 어렵게 들어간 회사도 금방 그만두는 신입 사원이 부쩍 많아졌다. 보통 신입 사원 열 명 가운데 세 명이 1년 이내에 퇴사한다고 한다. 취업이 바늘구멍을 뚫는 것만큼이나 어렵다고 하는 지금, 왜 그토록 많은 신입 사원들이 회사를 그만두는 것일까?

애덤 그랜트 교수의 연구에서 그 실마리를 찾을 수 있다. 그랜트는 소셜 네트워크 서비스 기업인 페이스북Facebook의 인사 팀과 공동으로 연구를 진행해, 6개월 이내에 회사를 떠나는 직원과 그렇지 않은 직원에 대해 여러 가지 자료를 분석했다. 연구 팀은 조사 과정에서 흥미로운 몇 가지 사실을 발견했는데, 그 가운데 하나가 직원들이 회사를 떠나는 가장 큰 이유는 직장 동료나 상사가 아니라 일 때문이라는 점이었다. 직원들은 직장 상사와 잘 맞지 않거나 동료와 잘 어울리지 못해 회사를 떠나기보다, 일이 재미없고, 자기 역량을 제대로 펼칠 수 없으며, 업무를 통해 성장하고 있지 못하다고 생각할 때 회사를 떠났다.

반면 반년이 지나도 회사에 남은 사람들은 달랐다. 그들은 자신이 좋아하는 일을 하고 있고, 경력 개발에 필요한 실력이나 경험을 얻고 있다고 생각하고 있었다. 당장 이직할 의향이 없었고, 직장 생활에 대한 만족도가 높았다. 또 자신의 강점을 활용하고 있다고 여기고, 그만큼 자신감에 차 있었다.

결론은 분명했다. 연구 팀은 데이터가 말하는 바를 토대로, 관리자들에게 다음과 같이 조언했다.

'즐거운 일을 하도록 기회를 줘라.'

'약점을 지적해 고치도록 하기보다, 자신의 강점을 살릴 수 있도록 지원하라.'

'각자에게 맞는 우선순위를 고려해, 경력을 관리할 수 있도록 배려하라.'

애덤 그랜트의 연구 결과를 듣고, 그다지 놀라지 않을지도 모른다. 적지 않은 사람들이 '알기만 하는 사람은 좋아하는 사람보다 못 하고, 좋아하는 사람은 즐기는 사람보다 못 하다' 같은 말들을 자주 들으면서 자랐기 때문이다. 이런 말을 듣고 자라지 않은 사람일지라도, 비슷한 이야기는 성공한 여러 사람들을 통해 들을 수 있었다. 스티브 잡스도 이렇게 충고했다. "당신이 사랑하는 일을 찾아야만 한다. 일은 일생의 많은 부분을 차지하는데, 사랑하는 일을 하는 것이 행복한 삶을 사는 유일한 방법이다. 아직 찾지 못했다면 그것을 찾는 데 집중하라."

그러나 실상은 어떨까? 취업 관련 사이트인 잡코리아가 직장인 526명을 상대로 '현재 직업은 당신이 하고 싶어 했던, 꿈꿔온 일입니까?'라고 설문한 결과, '그렇다'는 응답은 29퍼센트에 그쳤고 '아니다'라는 응답은 52퍼센트에 달했다. 직장인들 대다수가 자신이 하고 싶고 즐길 수 있는 일을 하지 못하고 있다는 뜻이다.

비록 취업이 어려운 상황이지만, 사회에 첫발을 디딜 때 자신의 강점을 살릴 수 있고 즐길 수 있는 일을 찾는 것은 매우 중요하다. 대학생 인턴이나 직업 훈련을 통해, 기업의 문화와 일이 가진 특성을 사전에 여러 경로를 통해 파악하는 것도 가능해졌다. 기업의 평판이 실리는 사이트를 참고하면, 기업과 직무에 대한 장점뿐만 아니라 단점도 살필 수 있다.

이미 취업을 했더라도, 하고 있는 업무가 적성에 맞지 않다면 사내에서 진행하는 직무 이동 제도나 공개 채용 제도를 적극적으로 이용할 수도 있다. 예를 들어, 이케아IKEA는 1년에 두 차례 전 세계 직원들을 대상으로 '탤런트 위크Talent Week'라는 행사를 진행한다. 이 행사에서는 각종 직무에 대한 소개와 채용 정보를 제공하는데, 직원들은 협의를 거쳐 자신의 적성이나 계획에 따라 직무를 변경할 수 있다.

4피트

번아웃 증후군

오랫동안 대기업의 임원으로 지내온 한 선배와 차 한잔을 마시다가, 임원으로 승진하는 비결에 대한 이야기를 나눌 기회가 생겼다. 선배는 몇 년간 수많은 사례들을 관찰하면서, 나름대로 임원으로 승진하는 세 가지 비결을 꼽았다. 그가 꼽은 첫 번째 비결은 새벽같이 출근하고 별을 보면서 퇴근하는 성실함이고, 두 번째는 남들이 지나치기 쉬운 것도 챙길 줄 아는 꼼꼼함과 치열함이었다. 세 번째 비결로는 평균을 웃도는 실력을 덧붙였다.

다른 비결은 차치하고, 첫 번째 비결만큼은 곰곰이 생각해 봐야 한다. 정말로 오래 일하기 때문에 승진할 수 있었던 것일까? 그보다는 오래 일해야 주변에서 일을 제대로 한다고 생각하기 때문에 승진할 수 있었던 것은 아닐까? 여전히 주말도 없이 밤늦도록 일해야 직장에서 출세할 수 있다는 믿음을 가진 직장인들이 많다. 또 그 정도는 해야 출세할 자격을 가진다고 믿는 직장인들도 적지 않다.

그러나 이 잘못된 믿음이 낳는 것은, 감당하기 힘든 업무량과 근무시간으로 고통을 받고 '번아웃 burnout'을 호소하는 직장인들일 뿐이다. 한마디로 일 때문에 방전되는 것이다. 심리학자 크리스니타 매슬랙 Christina Maslach은 이렇게 직장인이 번아웃에 빠질 경우 크게 세 가지 증상이 나타난다고 말한다.

첫 번째는 탈진이다. 탈진은 극심한 신체적·정신적·정서적 피로감을 수반하는데, 이것은 업무 능력의 효율성을 떨어뜨리고, 업무를 대하는 긍정적인 태도도 사라지게 만든다. 탈진은 일주일 내내 밤낮으로 일하기를 요구하는 조직 문화로 인해 생기기도 하고, 똑같은 시간을 일하더라도 해야 할 일이 많아서 생기기도 한다.

특히 업무에서 자율권이 부족하거나, 업무가 싫어지거나,

업무를 성취하기 위한 역량이 부족할 때 탈진에 취약해진다. 탈진 상태에 놓이면, 집중력이 떨어지고 큰 그림을 보지 못하는 자신을 발견하게 된다. 심지어 일상적인 업무는 물론이고, 과거에 즐겁게 했던 업무조차 힘겹게 느껴지기도 한다.

두 번째 나타나는 증상은 냉소주의다. 냉소주의는 '비인격화'라고도 하는데, 이 상태는 업무 몰입도가 낮아지는 것을 뜻한다. 다시 말해, 이것은 업무에서 자신을 심리적으로 멀어지게 만드는 증상이다. 이 증상을 겪는 직장인들은 고객과 동료, 다른 협력자들에게 집중하기보다 그들에게 소외감이나 부정적인 마음이 들며, 심지어 냉담해지기도 한다. 냉소주의는 과중한 업무로 인한 결과일 수도 있지만, 갈등이 크거나 불공정한 상황, 의사 결정에서 소외당하는 경우에도 발생한다. 냉소적인 태도를 반복적으로 보이는 동료가 있다면, 그가 업무에 대한 즐거움과 자부심을 잃고 있다는 신호로 이를 받아들여야 한다.

마지막 증상은 능률이 급격히 떨어지는 것이다. 이 증상은 무능력을 느끼고, 성취감을 결여하고, 생산성이 떨어지는 상태와 관련 있다. 번아웃 상태에 빠진 사람들은 스스로 능력이 없다고 생각하고, 일하는 동안에도 목표를 달성하지 못할까

봐 걱정한다.

만약 업무를 수행하는 데 필요한 지원이 부족하다면, 번아웃은 이 증상들 가운데 마지막 증상인 능률이 떨어지는 단계로부터 시작될 가능성이 크다. 즉 업무를 처리하는 데 필요한 충분한 시간과 정보, 명확한 기대 수준과 자율성이 부족한 상황에서는 능률부터 떨어진다. 또 적절한 피드백을 받지 못하고 제대로 성과도 인정받지 못할 경우, 업무에 대한 회의감이 커지고 일과 관련해 자괴감이 늘어나 능률이 떨어지기도 한다. 능률이 떨어지는 상태가 장기적으로 이어지면, 탈진이나 냉소주의도 함께 나타난다.

머릿속이 온통 일 생각으로 가득 차 있고 일에 파묻혀 있다면, 그 영향은 단지 한 개인에서 끝나지 않는다. 이런 상황을 잘 드러내는 씁쓸한 광고도 있다. 이 광고는 업무로 매일같이 야근하고 다시 일찍 출근하는 한 직장인을 비추면서 시작한다. 딸아이가 있지만 서로 얼굴 볼 일이 도통 없던 직장인이 어느 날 아침, 오랜만에 아이를 보고 웃으며 출근 인사를 건넨다. 엄마 품에 안겨 있던 아이도 아빠를 따라 인사를 하며 이렇게 말한다.

185

"아빠, 또 놀러 오세요."

그렇다. 직장인 한 명이 일에 치이면서 살아갈 때, 그 주변도 점점 달라진다. 무엇보다도 가장 가까운 사이인 가족부터 바뀌기 시작한다.

그렇다면 일에 빠져 지내는 것이 가정생활에는 어떤 영향을 미칠까? 이것을 설명하는 몇 가지 주장을 살펴보자.

직장 생활과 개인의 삶은 분리될 수 없다

첫 번째 주장은 직장 생활이 행복하면 가정생활도 행복할 수밖에 없다는 것이다. 일에서 만족을 느낄 때 비로소 대인 관계나 그 밖의 다양한 일상적인 순간에 만족을 느낄 수 있다는 주장이다. 한 영역에서 발생하는 긴장이나 만족이 다른 영역의 긴장이나 만족으로 퍼지는 심리적 전이가 일어난다는 것이다. 이를 '파급효과 이론ripple effect theory'이라고 부른다.

이 이론은 직장과 가정에서 발생하는 일들 사이에 유사성이 있다고 가정하고, 사람들에게 직장에서 겪는 경험과 가정에서 겪는 경험을 분리할 수 있는 능력이 있다고 보지 않는다. 개인에게 깊이 배어든 일에 대한 태도가 가정생활로 옮겨가고, 자신이나 자녀들에게 영향을 끼칠 수밖에 없다는 것이다.

이런 파급효과는 긍정적인 효과와 부정적인 효과, 두 가지 형태로 나타날 수 있다. 회사에서 상사에게 칭찬을 받거나 업무 보고가 잘 끝난 날, 집에서도 그 감정이 그대로 전이되어 가족과 즐거운 시간을 보낸다면 이것은 긍정적인 파급효과라고 할 수 있다. 집에서 부부싸움을 하고 출근한 날, 그 감정이 회사 업무에도 고스란히 옮겨가 짜증난 상태로 업무에 제대로 몰입할 수 없다면 이것은 부정적인 파급효과라 할 수 있다.

그러나 일과 가정은 서로 독립적이기 때문에, 서로 어떤 영향도 주고받지 않는다는 주장도 있다. 직장인들이 일과 가정을 구분해 생각할 능력이 있다고 가정하는 것으로, 아무리 회사에서 스트레스를 받더라도, 그것이 가족에게로 전이되지는 않는다는 것이다. 한마디로 공과 사를 확실히 구분하는 것이 가능하다는 이야기다.

이 주장에 따르면, 사람들은 가정을 사랑과 친밀감 같은 중요한 감정이 작용하는 영역이라고 여기고, 직장은 경쟁이 더 중요하게 작용하는 몰개성적인 영역으로 생각하는 경향이 있다. 본질적으로 직장에서 경험한 정서가 가정으로 이어질 수 없다고 보는 것이고, 그 반대도 마찬가지다.

이런 주장이 처음 제기되었을 때는, 직장인들이 회사에 만족스럽지 못할 경우 직장과 가정을 자연스럽게 분리해 생각하는 경향이 있다고 간주했다. 그러나 후속 연구를 통해, 연구자들은 직장인들에게 직장과 가정의 분리가 자연적으로 발생하는 것이 아니라, 일 때문에 받은 스트레스에 대처하기 위해 무의식적으로 이루어지는 것이라는 점을 입증했다.

일이 힘들어도 다른 것으로 보상받을 수 있다

'보상 이론compensation theory'으로 가정과 일의 관계를 설명할 수도 있다. 이 관점은 직장과 직장 밖의 경험은 상충하는 경향이 있기 때문에, 한 영역에서 부족한 부분을 보충하기 위해 다른 영역에서 만족스러운 경험과 만족을 추구한다는 주장이다. 회사 생활이 만족스럽지 못할수록 직장들이 취미 생활을 통해 만족을 추구하려는 경향이 강해지는 것처럼 말이다.

이런 주장은 기본적으로 현대 산업사회가 서로 철저히 나뉘어 있다는 가정에서 출발한다. 그 구분을 토대로, 개인들이 일상을 점유하는 서로 다른 환경에 차별적으로 투자하게 되고, 한 영역에서 잃은 것을 다른 영역에서 얻고자 노력한다고 설명하는 것이 바로 보상 이론인 것이다.

보상 이론에 따르면, 개인들은 자신들이 직장에서 맡은 역할과 그 밖의 역할을 상이한 두 가지 방식으로 연결한다. 첫째, 직무에 만족하지 못하고 몰입하지 못하는 직장인들은 직장 밖에서 여러 활동을 통해 이런 박탈감을 보상받고자 시도한다. 둘째, 직무가 충분한 만족과 몰입을 제공하는 경우에 개인들은 굳이 직장을 벗어나 추가적인 만족이나 몰입을 찾아야겠다는 필요성을 느끼지 않는다.

한편 보상 이론은 보상의 성격에 따라 나뉠 수도 있다. 하나는 '보충적 보상'으로, 직장에서 충분히 채워지지 않는 경험이나 정서를 가정에서 얻는 보상을 의미한다. 다른 하나는 '반응적 보상'으로, 직장에서 경험한 박탈감을 취미 활동과 같은 여러 활동으로 극복하는 보상을 말한다.

일이 바쁘면 가정에 소홀할 수밖에 없다

직장인들 가운데 상당수가 회사 일 때문에 가정생활을 일부 포기할 수밖에 없다고 말한다. 가정과 일이 서로 양립하기 힘들다고 보는 것이다. 이렇게 두 가지가 양립할 수 없고 갈등 관계에 놓여 있다고 설명하는 이론이 '갈등 이론conflict theory'이다. 직장인들에게는 사실 이 이론이 가장 직관적으로 와닿을 것이다.

우리가 가지고 있는 시간과 에너지는 한정되어 있다. 직장에서 해야 할 업무와 가정에서 맡은 일을 한꺼번에 진행할 수는 없다. 또 밤늦게까지 일하고 집으로 돌아가, 아이와 함께 잠들 때까지 놀아주는 것도 결코 쉽지 않다. 한 역할에서 사용하는 시간과 에너지를 다른 역할을 수행하는 데 사용하기 힘든 것이다. 오히려 한쪽에서 소모한 시간과 에너지를 다른 쪽에서 보충하고 채워야 하는 것이 현실이다.

감정 때문에 갈등 관계에 놓이기도 한다. 직장에서 받는 스트레스가 분노, 피곤함, 허탈감, 무기력 같은 증상을 야기하는데, 이 증상이 다른 역할을 수행하는 것을 방해하기 때문이다.

또 두 가지 영역에서 요구하는 성향과 행동이 다를 때도 갈등이 발생하기도 한다. 다시 말해, 한 역할을 수행하는 데 필요한 행동과 다른 역할을 수행하는 데 필요한 행동들이 충돌할 때 갈등이 생길 수 있다는 뜻이다. 예를 들어, 직장에서는 직장인들에게 확신과 자신감, 안정적인 감정, 이성적인 사고를 강조하는 반면에, 가족 구성원들은 따뜻함과 부드러움 같은 보다 친밀한 행동을 기대한다. 직장에서 요구하는 기대가 가족이 요구하는 기대와 상충하는 것이다. 서로 다른 요구 사이에서 적절한 균형을 이루지 못하거나, 그때그때 기대에 맞춰 행동하지 못한다면, 두 역할 사이에서 갈등을 경험할 가능성이 높아진다.

결국 일이 인생의 전부이고, 일에서 성공하는 것이 무엇보다도 중요하다고 생각하는 사람일수록 가정생활에 소홀하고, 가족과 갈등을 빚을 확률이 높다. 일에 투입하는 시간과 노력을 증가시켜 다른 역할을 제대로 수행하지 못할 뿐만 아니라, 정신적으로도 일에 너무 몰입한 나머지 가정을 챙길 수 있는 여력을 가지기가 힘들다.

열정 중독

열정이 늘 좋은 것만은 아니다. 보이지 않는 압박이나 강요로 만들어진 열정은 무언가에 대한 집착이나 중독의 형태로 나타나, 개인뿐만 아니라 조직을 병들게 하기도 한다. 말하자면 '가짜 열정'인 셈이다.

건전한 열정을 지닌 직장인들은 자기 일에 몰입하고 성취를 통해 희열을 느끼지만, 일과 삶을 적절히 구분할 줄도 아는 사람들이다. 한편 가짜 열정에 빠진 직장인은 상황에 따라 유연한 대처를 하지 못하고 불안감과 스트레스를 자주 경험한다. 가짜 열정은 일에 집착하게 만들고 많은 시간을 소비하게 만들지만, 정작 다른 사람들보다 특별히 더 뛰어난 성과를 내지도 못하게 만드는 치명적인 약점도 가지고 있다. 그럼에도 불구하고 심할 경우 강박적으로 일을 손에서 놓지 못하는 상황으로까지 치닫는데, 사회심리학자인 로버트 밸러랜드Robert J. Vallerand에 따르면, 이런 열정은 마치 도박을 할 때 느끼는 열정과 다를 바가 없다. 스스로 통제하지 못하는 지경에 이르는 것이다.

자존감 상실

먼저 일이 전부라고 생각하고, 일을 자신의 정체성과 지나치게 가깝게 여기는 직장인들이 작은 실수로 '자존감 상실'을 겪고 슬럼프에 빠지는 경우를 살펴보자. 일밖에 모를 정도로 열정을 가진 사람들이 어느 한순간에 주저앉는 많은 경우가 여기에 해당한다.

자존감은 자기 자신에 대한 평가와 관련 있다. 더 구체적으로, 자기 자신을 중요하고 능력 있는 사람으로 생각하는 감정과 관련 있다. 여느 감정들처럼, 자존감도 단지 자기 자신에만 영향을 끼치지 않고, 자신을 둘러싼 여러 환경에도 영향을 끼치는 것으로 알려져 있다. 예를 들어, 살아가는 동안 마주하는 여러 문제들을 해결하는 데에도 자존감이 낮은 사람보다 높은 사람이 더 뛰어난 경향이 있다. 그러나 본인이 하는 일이 가치 있기 때문에 자기 자신이 중요하다고 느끼는 정도가 지나칠 경우에는, 작은 실패로도 급격한 자존감 상실을 겪게 된다.

이렇게 자존감이 떨어지면 작은 일에도 쉽게 불안을 느끼고, 과거에는 아무렇지 않게 어깨를 으쓱하고 지나갔을 일에도 일일이 짜증을 내고 자주 화를 내게 된다. 짜증과 분노가 번갈아 나타나기 때문에 점점 사람들과 만나는 일도 회피하게 되고, 스스로 고립되는 경향도 강해진다. 자존감이 떨어진 직장인들은 평가에 보다 예민해진 탓에, 자신에 대해 부정적인 피드백을 받았을 때 감정, 동기, 수행 면에서 자존감이 높은 사람들에 비해 부정적인 영향을 크게 받는다. 일에 대한 지나친 의미 부여가 화살로 돌아오고, 그것이 다시 악순환을 가지고 오는 것이다.

스트레스라는 괴물

가짜 열정이 가지고 오는 또 다른 문제는 '극심한 스트레스'다. 일과 삶이 균형을 잃고 너무 밀착해, 잦은 스트레스가 발생하는 것이다. 그러나 스트레스에 대처하는 방식에 따라, 증상이 완화되기도 하고, 더 악화되기도 한다. 스트레스에 대처하는 방식은 개인마다 다를 수 있지만, 크게 두 가지로 분류할 수 있다. 하나는 자신의 감정을 바꾸는 방식이고, 다른 하나는 상황 자체를 바꾸는 방식이다.

먼저 마음과 감정을 통제해 스트레스를 해결하는 방식부터 보자. 이것은 스트레스를 받는 상황에서 발생하는 정서적인 고통을 감소하고자, 자신의 노력과 행동을 돌아보는 '정서 중심적인' 대처 방법이다. 이 방식에 해당하는 사례들로는, 스트레스 상황처럼 자신에게 들어오는 부정적인 정보를 무시하는 '선택적 주의selective attention'나 부정적인 상황 속에서도 '작지만 확실한 행복'을 찾아내는 방법이 있다.

그러나 정서적 고통을 증가시키고자 하는 사례도 있다. 어떤 사람들은 좋은 감정을 가지기 전에, 먼저 나쁜 감정을 경험하려고 한다. 마치 좋은 뉴스를 듣기 전에 나쁜 뉴스를 먼저 듣겠다고 말하는 것처럼 말이다. 예를 들어, 운동선수들이 시합을 앞두고 '스스로를 들볶는' 경우처럼 고의적으로 정서적 고통을 증가시키는 경우도 있다. 이 방법은 기존의 고통을 다른 고통에 비해 상대적으로 약한 것이라고 받아들이고자 할 때도 자주 쓰인다.

정서 중심적인 방법 가운데는, 자신이 마주한 상황을 변화시키지 않으면서도 상황에 대한 '해석'을 바꾸는 방식도 있다. 이것을 '재평가reappraisal'라고 한다. 예를 들어, 스트레스나 위협을 감소시키기 위해서 다음과 같이 생각하는 것이다. '최악을 상상했을 때, 이 정도는 나쁜 상황도 아니다.' '이 고통은 결국 나를 발전시킬 것이다.'

스트레스에 대처하는 두 번째 방법은 상황 자체를 변화시키는 방식이다. 문제의 근본적인 원인이 무엇인지 생각하고 해결책을 고민하는 방법으로서, 해결책으로 제시되는 여러 대안들의 장점과 단점을 분석해 저울질해보고, 그 가운데 가장 적절한 대안을 선택해 행동하는 방식이다. 이것을 '문제 중심적인' 대처 방법이라고 이해할 수 있다.

예를 들어, 외부 환경을 변화시켜 문제를 해결하는 것이 이 방법에 해당한다. 일하는 여건이나 절차를 바꾸는 것, 일에 투입하는 시간이나 인력을 조정하는 것이 대표적이다. 물론 자기 자신을 변화시켜 상황 자체를 바꿀 수도 있다. 문제를 해결하고자 업무에서 자신의 관여도를 낮추고, 직장에서 만족을 느낄 수 있는 다른 통로를 모색하거나, 업무에 필요한 지식과 기술을 새로 익힐 수도 있는 것이다.

일과 삶의 균형이 무너진 상태에서 스트레스를 관리하는 데에는, 이 가운데 어느 한 방법만이 아니라 두 가지 방법을 모두 사용하는 것이 좋다. 스트레스받는 상황을 통제할 수 있을 경우에는 문제 중심 대처를 통해 스트레스 수준을 낮추는 한편, 상황을 통제할 수 없다고 여겨지는 경우에는 정서 중심 대처를 통해 스트레스 증상을 완화시키는 것이 보다 효과적이다.

스마트 워크

다행히도 요즘에는 사회 분위기가 조금씩 바뀌어, 직장인들이 지나치게 일에 매몰되지 않도록 하는 여러 가지 사회·제도적 장치나 회사 내 업무 환경이 보완되고 있다. 실제로 '주 52시간 근무' 같은 제도가 하나둘씩 도입되면서, 회사마다 '스마트 워크Smart Work'가 화두로 떠오르고 있다.

스마트 워크는 정보 통신 기술의 발달로 직장이 아닌 곳에서도 업무를 볼 수 있는 환경을 가리키는 말로, 직장인들에게 일하는 공간에 대한 개념을 바꾸고 있다. '사무실이 내가 일하는 공간'이라는 개념에서 '내가 일하는 공간이 사무실'로 바뀌고 있는 것이다. 이제는 집이나 가까운 스마트 워크 센터에서 일을 할 수도 있고, 기기를 이용한 이동 근무도 가능해졌다.

회사 입장에서도 스마트 워크를 환영할 만한 이유가 있다. 사무 공간이나 운영에 필요한 비용을 절감하는 효과를 얻을 수 있기 때문이다. 미국의 통신 업체인 AT&T나 시스코Cisco는 스마트 워크를 도입해, 사무 공간을 20~30퍼센트 정도 줄일 수 있었고, IBM도 사무 공간과 관련한 비용으로 40~60퍼센트를 절감한 것으로 알려졌다.

스마트 워크는 성과를 향상하는 데에도 기여한다. 앤더슨 컨설팅Andersen Consulting의 경우, 스마트 워크를 도입한 이후 고객과 진행하는 상담 시간이 25퍼센트 정도 증가한 것으로 나타났다. 일하는 공간에 대한 유연성이 증가하면서, 직원과 고객이 서로에게 더 쉽게 접근할 수 있었던 것이다.

한편 직원들 입장에서는 통근 시간과 교통비를 절감하는

효과가 있다. 스마트 워크 근무자를 대상으로 실시한 조사에서, 응답자들은 통근 시간이 감소한 데 만족을 느낄 뿐만 아니라, 혼잡한 교통으로 인한 신체적 피로감이 줄어 직무에 대한 전반적인 만족도도 함께 올랐다고 답했다.

스마트 워크에 따라 업무 시간도 보다 유연해지고 있다. 일하는 시간을 당연히 '오전 9시부터 오후 6시까지'라고 여겼던 고정관념이 서서히 바뀌고 있는 것이다. 예를 들어, 재택근무를 선호하는 직장인들은 오전 10시부터 오후 4시까지 일하고, 부족한 근무시간을 저녁 시간에 보충할 수 있게 되었다.

이것은 회사도 보다 유연하게 인적 자원을 활용할 수 있도록 만든다. 한 가지 사례를 꼽자면, 새로운 근무 형태를 통해 회사는 고객을 응대하는 콜 센터를 365일 내내 가동할 수 있고, 예상치 못한 상황이 발생했을 때 인력을 효율적으로 운영할 여지가 생긴다. 실제로 미국의 항공사 델타항공 Delta Air Lines은 폭설로 인해 야간에 고객 문의가 폭주하자 재택근무자들을 활용해 비상 상황에 대응하기도 했다. 여러 소프트웨어 개발 업체들은 '릴레이경기 relay race' 업무 방식을 도입해, 제품 개발 경쟁에서 우위를 차지하기도 했다. 캘리포니아에서 개발자가 작업을 마치고 퇴근하기 전에 사내 인트라넷에 작업

물을 올려놓은 다음, 하와이에 있는 다른 개발자가 이것을 받아 작업을 끝내고, 인도에 있는 또 다른 개발자가 연이어 후속 작업을 진행하는 방식으로 속도 경쟁에서 우위를 점한 것이다.

여러 장점에도 불구하고, 시간 관리를 제대로 하지 못할 경우에는 얻는 것보다 잃는 것이 더 많다. 어떤 기업은 스마트 워크 제도를 야심차게 도입했지만, 사무실에서 근무하는 직원들 사이에서 끊임없이 불만이 터져 나온다. 업무에 관해 협의를 해야 하는데, 재택근무자들과 근무시간에 종종 연락이 닿지 않아 손실이 발생하기 때문이다. 이런 경우에는 사무실 직원들과 재택근무자들이 서로 업무 일정을 제대로 맞추지 않은 것이 원인일 때가 많다.

재택근무를 하는 직원들도 업무 시간과 공간을 적절히 구분하지 않을 때 바람직하지 못한 결과를 낳을 수 있다. 사적인 일들이 공적인 일을 침범해, 생산성을 떨어뜨릴 수 있기 때문이다. 이에 따라 일부 기업에서는 집에서 근무하는 직원들에게 별도로 교육을 시키기도 한다. 특히 자녀를 둔 직원들에게는 '일하는 공간과 놀이 공간의 구분', '업무 시간과 육아 시간의 구분'에 대한 구체적인 내용을 교육시키고 있다.

무엇보다도 관리자들이 앞장서 시간 관리에 신경 써야 한

4피트

다. 기술이 발전해 언제 어디에서나 업무를 수행할 수 있게 되었지만, 이것이 쉬지 않고 모든 곳에서 일해야 한다는 것을 의미하지는 않는다. 스마트 워크를 핑계로 관리자가 직원들에게 업무 시간을 고려하지 않고 시도 때도 없이 연락할 경우, 오히려 직원들의 불만이 높아지고 업무의 효율성도 떨어질 뿐이다. 관리자들은 직원들이 직장 생활과 사생활을 분리할 수 있도록 더 배려해야 한다.

나는 왜 무기력을
되풀이하는가

일이 삶의 전부인 것처럼 사는 사람들도 있지만, 그 반대도 있다. 일과 너무 먼 거리를 유지하는 사람들 말이다. 일이 너무 힘들거나 일과 적성이 잘 맞지 않아 일과 거리를 두는 사람이 있는 반면, 어떻게든 일하지 않으려고 주어진 책임을 회피하는 사람들도 있다. 이런 직장인들에게 흔히 나타나는 증상은 '미루기'다.

일을 끝내는 시점을 나중으로 미룰 수도 있지만, 일을 시작하는 행동을 뒤로 미룰 수도 있다. 우리는 종종 어려운 일, 하

4피트

기 싫은 일, 자신이 군이 하지 않아도 괜찮은 일이나 함께하고 싶지 않은 다른 누군가와 해야 하는 일을 뒤로 미룬다. 그때마다 우리 머릿속은 이런 생각들로 가득 찬다.

'지금이 2시 48분이니까, 3시 정각부터 시작하자.'
'아니다, 오늘은 금요일이니까, 다음 주 월요일부터 정말 시작하자.'
'아직은 때가 무르익지 않았어. 준비하는 마음으로 조금 더 기다리자.'
'지금 속도로는 절대로 제때 끝내지 못할 테지만, 어차피 제때 끝낸 적도 없는걸.'
'빨리 해봐야 끝나고 나면, 또 다른 일을 해야 할 텐데, 뭘.'

이렇게 하나둘 미루기 시작하면, 결국 습관으로 자리 잡아 다른 일을 맡아도 미루기를 반복하게 된다. 일을 미루는 원인은 다양하지만, 역설적으로 어떤 일을 미루도록 만드는 가장 큰 요인은 잘할 수 있을지를 걱정하는 마음이다. 주어진 시간과 능력이 부족하다는 생각과 함께, 잘하고 싶다는 마음이 감당할 수 없을 정도로 쌓여, 결국 회피하고 싶다는 마음으로 이어지는 것이다. 특히 마감이 코앞에 닥쳤을 때 평가에 대한 걱정과 불안이 커지는데, 이것을 감소시키기 위해 미루고 회피하는 것이다. 물론 다른 사람들을 실망시킬 수 있다는 두려움, 어떻게든 잘 처리될 것이라는 근거 없는 낙관, 상사의 억압이나 통제에 대한 반항심 때문에 일을 미루기도 한다.

일을 미루다 보면, 하고자 하는 의지도 사라져 급기야 무기력에 빠진다. 무기력 상태에 놓이면, 동기와 욕망이 사라지고 자발적으로 무언가를 하기보다는 지시와 명령을 기다리는 수동성이 증가한다. 정서적으로도 무엇을 해야 하는지, 왜 그것을 해야 하는지 모르는 상태가 되어, 자신과 타인의 감정에도 점점 둔감해지고 심할 경우 우울증으로 이어지기도 한다.

무기력의 또 다른 증상으로는, 자신이 하고 있는 일이 적성에 맞지 않는다고 생각하거나, 일에 대한 의욕이 예전의 절반도 못하다고 느끼는 점을 들 수 있다. 자신이 하는 일의 가치를 폄하하거나, 마감 시간이 다가오더라도 일을 좀처럼 시작하지 못하는 것도 무기력의 증상이다. 최근 모든 일에 흥미를 잃은 것만 같고, 자꾸만 부정적인 생각이 들거나, 의욕이 사라지고 기운 없는 날들을 보내고 있다면, 스스로도 무기력에 빠진 것은 아닌지 점검해봐야 한다.

실제로 취업 사이트인 잡코리아가 남녀 직장인들을 대상으로 설문 조사를 진행한 결과, 응답자 가운데 약 70퍼센트가 '출근만 하면 무기력해지고 우울해진다'고 답했다. 무기력을 극복하기 위해 24퍼센트 정도가 '운동 등 취미 생활'을 한다고 답변하고 8퍼센트 정도가 기타 '자기계발'을 한다고 답한 반면, 직장인들 10명 중 1명은 '아무것도 하지 않는다'고 답했다.

무기력이 위험한 것은 학습을 통해 그 상태가 더욱 굳어진다는 것이다. 이른바 '학습된 무기력' 상태에 빠져드는 것이다. 반복된 실패나 좌절을 통해, 자신이 아무리 노력해도 상황을 바꿀 수 없고 미래에 달라지는 것이 없다고 느낄 때 무기력은 견고해진다.

늘어지는 설명보다 간단한 실험 하나로 '학습된 무기력'을 이해할 수 있다. 생리심리학자 커트 리히터 Curt P. Richter가 쥐를 대상으로 진행한 실험이 그것이다. 리히터는 쥐를 수조에 넣고 쥐의 행동을 관찰했는데, 어떤 쥐들은 열심히 수영하는 반면, 몇몇 쥐들은 몇 분간 열심히 수영을 하다가 금방 익사하는 반응을 보였다. 이런 반응을 보인 이유는 한 가지였다. 익사하지 않은 쥐들과 달리, 빨리 익사한 쥐들은 수조에 들어가기 전에 연구자의 손에 꽉 잡혀 움직일 수 없었던 것이다. 리히터 박사는 "쥐들은 자신이 아무리 몸부림쳐도 연구자의 손에서 벗어날 수 없다는 무기력을 경험했고, 다른 어려움이 닥쳤을 때 이렇게 학습된 무기력 때문에 더 쉽게 포기하는 것"이라고 결론지었다.

다른 사람이나 환경을 탓해야 할 때, 반복적으로 자신을 탓하는 경우에도 무기력이 발생한다. 자신의 덕으로 돌려야 할 때, 반복적으로 다른 사람에게 그 덕을 돌리거나 쉽사리 우연으로 치부하는 것도 무기력을 낳는다. 어떤 대상을 탓하고 어떤 대상의 덕으로 돌리는지에 따라, 다른 사람의 평가가 달라질 뿐만 아니라 자기 자신에 대한 평가도 달라진다.

따라서 스스로 무기력에 빠져 있다는 생각이 든다면, 잘못의 원인이나 성공의 요인을 올바르게 파악하고 있는지부터 살펴볼 필요가 있다. 승진할 기회를 놓쳤다면, 자신이 부족했기 때문일 수 있지만, 심사 위원들이 제대로 평가하지 못했기 때문일 수도 있다. 팀장이 고민하는 문제를 함께 해결했을 때, 이는 팀장이 제 역할을 잘했기 때문일 수 있지만, 서로 협력했기 때문에 해결했던 것일 수도 있다. '네 덕, 내 탓'은 중요한 덕목 가운데 하나로 꼽히지만, '내 덕, 네 탓'이라는 마음가짐도 때때로 필요한 것이다. 물론 원인을 제대로 짚어낼 수 있다면, 그것이 가장 좋겠지만 말이다.

자기 자신을 탓하더라도, 자기 능력이 부족하다고 여길 경우 더욱더 무기력에 빠져들 수 있다. 자신이 가지고 있는 능력을 평가하기 전에, 자신이 노력을 덜 했는지부터 살펴봐야 한다. 능력은 타고나기 때문에 바뀔 수 없다고 여겨지는 반면, 노력은 의지에 따라 바뀔 수 있다고 여겨지기 때문이다. 성공을 자신의 덕으로 돌릴 때도 마찬가지다. 성공한 이유를 타고난 능력에서 찾기보다는 자신이 들인 노력에서 찾을 때 지속적으로 발전할 가능성도 높아진다.

일의 가치를
찾아서

일과 적당한 거리를 유지하는 첫걸음은 자신이 하고 있는 '일의 가치'를 정확하게 판단하는 것이다. 지금 하고 있는 일이 자신에게 어떤 가치가 있는지를 먼저 살펴야 한다. 다른 사람의 시선이나 세상의 기준이 아니라, 자신에게 어떤 의미가 있는지 말이다.

어느 유명한 호텔 창업자가 자신이 소유한 한 호텔에서 청소부를 만난 일화가 있다. 창업자가 청소부에게 일에 만족하고 있는지를 묻자, 청소부는 자신의 일에서 큰 기쁨과 성취를 얻고 있다고 말했다. 창업자는 청소 일이 급여도 많지 않을뿐더러, 손님들이 사용한 침대와 화장실을 정리해야 하는 힘든 일인데, 어떻게 기쁨을 느낄 수 있을지 궁금했다.

그러자 청소부는 집을 떠나 호텔에서 숙박하는 손님들에게 집과 같은 편안함을 주기 위해 노력하는 것 자체가 크나큰 기쁨이라고 말했다. 그리고 이런 노력을 고맙게 여기는 손님들과 정서적 유대 관계를 형성하는 것이 자신을 즐겁게 만든다고 이야기했다. 그는 "내가 하는 일은 비록 객실 청소지만, 나야말로 객실의 총지배인"이라고 말했다. 누군가에게 하찮아 보일 수도 있는 청소하는 일이 다른 누군가에게는 커다란 의미가 있는 일일 수도 있는 것이다.

이렇게 자신이 하는 일의 가치를 정확히 알고 그것이 지닌 의미를 높게 평가할수록, 일에 대한 몰입도와 성과가 높아지기 마련이다. 그러나 자신이 세운 가치가 주관적일지라도, 그 가치를 실현하는 데 필요한 조건과 상황까지 주관적인 것은 아니다. 일의 가치를 터득하고 깨닫는 것은 스스로 할 수 있지만, 그 가치를 더 증가시키는 객관적인 조건과 상황도 분명 존재한다는 뜻이다.

예를 들어, 콜 센터 직원들을 대상으로 진행한 실험 하나를 보자. 이 직원들은 전화로 학생 장학금을 모금하는 활동을 하는데, 연구자는 먼저 이 직원들을 A, B, C, 세 그룹으로 구분했다. 그리고 A 그룹에게는 장학생들이 자기 삶에 장학금이 어떤 도움을 주고 있는지를 직접 설명하도록 했다. B 그룹에게는 장학금을 받은 학생들이 직접 쓴 감사장을 전달했고, C 그룹에게는 아무런 이야기도 하지 않았다.

한 달 후, 연구자는 세 그룹의 장학금 모금액을 비교했다. 장학금이 구체적으로 어떻게 쓰이고 있는지를 들려주었던 A 그룹의 전화 통화량은 과거와 비교해 2배로 증가했고, 모금액도 3배나 증가했다. 반면 다른 두 그룹의 통화량과 모금액에는 변화가 없었다.

이런 결과가 나온 이유는 A 그룹의 콜 센터 직원들이 다른 그룹의 직원들보다 자신이 하는 일에 더 큰 의미를 부여했기 때문인 것으로 보인다. 자신이 하는 일이 한 사람의 인생에 커다란 영향을 줄 만큼 중요하다는 것을 A 그룹의 직원들은 깨달은 것이다.

또 다른 사례도 있다. 어느 음식점에서 네 가지 상황을 만들어 보름 동안 진행한 실험이다. 첫 번째는 식당을 찾은 손님과 요리사가 서로를 보지 못하는 경우였고, 두 번째는 손님만 요리사를 볼 수 있는 경우, 세 번째는 요리사만 손님을 볼 수 있는 경우, 마지막은 요리사와 손님 모두가 상대방을 볼 수 있는 경우였다. 연구자는 상황별로 요리사가 음식을 준비하는 시간을 측정했고, 서비스 및 음식에 대한 손님들의 만족도를 평가했다.

그 결과, 식당에 앉아 있는 손님이 요리사를 보지 못하고 요리사는 손님을 볼 수 있는 경우에는, 첫번째 경우보다 고객 만족도가 10퍼센트 높아졌다. 더 흥미로운 점은 요리사와 손님이 서로 상대방을 볼 수 있을 때, 첫 번째 경우보다 만족도가 17.3퍼센트 높아지고 서비스 속도도 13.2퍼센트 빨라졌다는 것이다. 또 고객을 볼 수 있을 때 직원들은 자신이 하는 일이 가치를 인정받는다고 여기고, 직무 만족도가 높아지며, 더 자발적으로 노력을 기울인다는 점을 알 수 있었다. 서비스의 품질에 대한 고객들의 인식이 나아졌을 뿐만 아니라, 객관적으로도 더 훌륭한 요리를 만들었다는 점을 알 수 있었다.

손님이 요리하는 과정을 지켜보는 것이 요리사에게는 스트레스로 작용할 법도 하지만, 실제로는 그렇지 않았다. 요리사들은 하나같이 손님의 모습을 보는 일을 기쁘게 여겼고, 한

211

요리사는 "손님들이 요리 과정을 보고 있을 때, 우리가 하는 일의 가치를 알게 되었다. 스스로도 더 발전해야겠다는 생각이 들었다"고 말했다.

실험에서 진행한 방법들을 곧장 자신이 다니고 있는 직장에 적용하기는 힘들 것이다. 이 두 가지 사례들로부터, 자신이 하고 있는 일의 결과물을 직접 관찰할 수 있는 기회가 중요하다고 결론을 이끌어낼 수 있을지도 모른다. 그러나 의미를 부여하는 상황은 이보다 훨씬 다양할 것이고, 직장마다도 다를 것이다. 중요한 것은, 일이 가치 있다고 느끼는 조건과 환경을 스스로 적극적으로 조성할 수 있다는 점, 그래야 직장 생활도 건강하게 오래도록 지속할 수 있다는 점이다.

성장하는 사람들의
네 가지 습관

적성에 맞는 일을 찾고 흥미를 가지고 그 일을 하게 되었다면, 직무와 관련해 꾸준히 성장할 수 있도록 토양을 다지는 일이 필요하다. 먼저 구체적인 목표를 설정하는 것이 무엇보다 중요하다. 구체적인 목표가 있어야 실행력을 높일 수 있고, 성과도 향상시킬 수 있기 때문이다.

트럭 운전기사들을 대상으로 한 실험을 통해, 목표를 설정하는 것이 주는 효과를 가늠해볼 수 있다. 연구자는 실험을 시작하고 처음 3주 동안에는 운전기사들이 자율적인 판단에 따라 통나무를 실어 나르게 했고, 4주 차부터는 법적으로 적재할 수 있는 양의 94퍼센트만을 싣도록 구체적인 목표를 정해 줬다. 단, 운전기사들에게 과중한 트럭 운행을 지시하지 않았고, 성과가 변하더라도 그에 대한 불이익이나 보상은 없었다.

실험 결과, 3주 동안 자율에 맡겼을 때 기사들이 운송하는 양은 상대적으로 적었지만, '법적 허용 적재량의 94퍼센트'라는 구체적이고 명확한 목표를 제시했을 때는 운송하는 양이 확연히 늘어난 모습을 보였다.

이렇게 목표를 구체적으로 설정하는 데에서 나타나는 긍정적인 효과도 있지만, 목표를 세분화해 작은 목표를 꾸준히 성취해나가는 연습도 중요하다. 구체적이고 명확할지라도 의욕만 앞서 본인이 달성할 수 없는 지나치게 큰 목표를 설정할 경우, 실패만 쌓일 뿐 아니라 원래 가지고 있던 의욕마저 잃을 가능성이 크다.

목표 세우기의 기술

어떻게 목표를 세울지 조금 더 꼼꼼히 살펴보자. 먼저, 목표를 설정하는 출발점을 '나에 대한 기대'로 삼는 것이 좋다.

이것은 '회사가 나에 대해 기대하는 것'과, '자신이 스스로에게 기대하는 것'으로 나뉠 수 있다.

대다수 회사에는 과장, 차장, 부장과 같은 '직급'이 있고, 팀장과 같은 '직책'이 있다. 회사는 이 둘을 구분해, 각 직급이나 직책에 따라 기대하는 수준을 달리한다. 예를 들어, 과장과 부장에게 기대하는 바는 서로 다르다. 보통 과장에게는 실무를 기획하고 실행하는 역할을 기대하고, 부장에게는 업무의 중·장기 계획이나 자원을 어떻게 활용할 것인지에 대한 적절한 의사 결정을 기대한다. 기대 사항을 수행할 수 있는 역량을 갖추고 있는지에 따라 기업의 인사가 이루어진다. 따라서 직장인들은 회사가 자기에게 무엇을 기대하고 있는지를 파악하고, 그에 맞춰 목표를 설정하는 것이 필요하다.

회사가 기대하는 바가 무엇인지 파악했다면, 그것에서 벗어나지 않는 선에서 자신의 세부적인 목표를 설정해야 한다. 목표는 세부적일수록 좋다. 하루, 한 주, 한 달 단위로 목표를 설정하는 것도 가능하다. 예를 들어, 아침에 출근하자마자 컴퓨터에 그날그날 무엇을 해야 하는지 정리해보는 것이다. 이것은 해야 할 일들을 잊지 않도록 도와준다. 이를 반복하다 보면 정리한 파일 자체가 목표를 담은 계획서가 되기도 한다. 무리하지 않는 범위 안에서 자신이 꼭 해야 할 일들을 정리하고 실행하는 것은 결국 좋은 습관으로 자리 잡는다.

목표를 설정했다면, 그다음으로는 직무의 범위를 정확하게 파악해야 한다. 이것을 옷 만드는 과정에 비유한다면, 일을 할 때도 '재단' 과정이 필요하다고 말할 수 있다. 옷을 만들 때 디자인도 물론 중요하지만, 재단을 어떻게 하는지가 옷의 가치를 결정하고 옷감을 얼마나 낭비하지 않고 사용할 수 있는지를 결정한다. 일도 마찬가지다. 일에서 재단하는 과정에 해당하는 것은 업무의 범위를 설정하는 것일 텐데, 일의 범위를 어떻게 정하는지에 따라 업무의 효율성을 떨어뜨릴 수도 있고 성과를 최대한으로 끌어올릴 수도 있다.

직무의 범위를 설정하는 것은 너무 당연한 일처럼 보이지만, 정작 현실에서는 잘 이루어지고 있지 않다. 국내 기업은 직무보다는 인사 관리에 더 초점이 맞춰져 있어, 일의 경계가 모호한 경우가 많다. 이 때문에 한 가지 일을 두세 명이 똑같이 하는 경우도 발생하고, 사각지대에 놓인 일들도 생긴다. 성과와 관련 없거나 맡은 직무와 연관성이 낮아, '왜 이런 일까지 해야 하는지 알 수 없다'고 푸념하는 직장인도 적지 않다. 그렇기 때문에 업무를 계획하거나 목표를 수립하는 시기에 상사나 동료와 함께 협의를 통해 업무의 범위를 정확히 설정하고 인지하는 것이 우선이다.

일의 범위를 파악했다면, '긴급한 정도'와 '중요한 정도'에 따라 업무의 우선순위를 설정하는 과정이 필요하다. 예를 들어, 고객의 불만을 접수하는 일처럼 긴급하고 중요한 일은 미루지 말고 즉각 처리해야 하고, 전략을 수립하거나 인재를 육성하는 일처럼 긴급한 정도는 낮으나 장기적으로 크게 중요한 일들은 계획을 세워 처리해야 한다. 한편 중요도가 낮은 업무들은 업무 시간에서 점점 비중을 줄여나가야 할 것이다. 긴급한 정도와 중요한 정도에 따라 일의 우선순위를 다음과 같이 크게 네 가지 범주로 구분할 수 있다.

1순위 : 긴급하고 중요한 일

즉각적인 대응이 필요하거나 성과에 바로 직결되는 일로, 고객 불만을 처리하는 일, 위기에 대응하는 일이 여기에 해당한다.

2순위 : 긴급하지 않으나 중요한 일

효과가 바로바로 눈에 보이지는 않으나 계획을 세우고 꾸준히 해야 할 일로, 중·장기 계획 수립, 선행 기술의 개발, 인재 육성이 여기에 해당한다.

3순위 : 긴급하지만 중요하지 않은 일

중요한 일이라고 착각하기 쉽지만 일을 축소하거나 권한 위임을 해야 하는 일들로, 단순 현황을 자료로 작성하는 일, 업무와 무관한 손님을 대응하는 것이 대표적이다.

4순위 : 긴급하지도 중요하지도 않은 일

시간을 낭비하는 무의미한 일로 하루빨리 버려야 할 일들이다. 보여주기, 시간 때우기, 회의를 위한 회의가 그런 일들이다.

마지막으로 이야기하고 싶은 것은 바로 '제삼자의 시각'이다. 우리는 일을 하는 동안, 때때로 열정에 달아오르기도 하지만, 열정을 잃어버리기도 한다. 그러나 더 심각할 경우에는, 열정이 지나치게 강해 건강을 해칠 수도 있고, 너무 느슨해진 탓에 다른 사람에게 피해를 줄 수도 있다. 이렇게 극단적인 상황이 아니더라도, 내 열정이 올바른 방향으로 흘러가고 있는지,

그 수준은 적절한지 곁에서 주기적으로 점검해줄 누군가가 반드시 필요하다. 특히 열정을 잃은 상태보다는, 열정이 지나칠 경우에 이렇게 객관적으로 지켜봐줄 사람이 필요하다.

직장에서는 편하게 이야기를 나눌 수 있는 동료나 선배가 이런 역할을 해줄 수 있다. 이들은 가까운 거리에서 오랫동안 자신을 관찰해왔던 사람들이기에, 상대적으로 자신의 상황이나 일하는 태도에 대해 객관적으로 이야기해줄 수 있다.

멘토

이런 목적에 가장 가까운 사람이 '멘토mentor'다. 40대 중반을 넘긴 직장인들에게는 대부분 멘토나 사수라고 부를 만한 선배들이 있었다. 그다음 세대에서는 계약직 같은 고용 신분이 다양해지고 성과 경쟁도 치열해지면서, 멘토와 멘티mentee의 관계를 제대로 형성할 기회들이 주어지지 않았다.

멘토는 직장 생활에서 다양한 형태로 존재할 수 있다. 선배나 동료일 수도 있고, 회사에서 공식적으로 정해주는 경우도 있지만, 자연스럽게 생기는 경우도 있다. 멘토는 힘들고 지치는 직장 생활에서 심리적인 위로와 안정감을 줄 수 있는 대상이고, 때로는 롤 모델로서 모범을 보이기도 한다.

무엇보다도 멘토인 선배들은 부하 직원들과 여러 번 대화를 나누는 동안 그들을 직접 관찰하는 것이 가능하기에, 객관적인 시각에서 조언을 해줄 수 있다. 또 이들은 동료 직원들 스스로 일에 얼마나 몰입하고 있는지, 반대로 얼마나 무기력에 빠져 있는지를 가장 잘 알려줄 수 있는 사람이기도 하다.

의지할 수 있는 단 한 명의 멘토를 찾을 필요는 없다. 오히려《스탠드 아웃 Stand Out》의 저자인 도리 클라크 Dorie Clark도 "커리어 개발을 위해 멘토는 많을수록 좋다"고 주장한다. 롤 모델에 가까운 멘토를 찾는 것은 쉽지 않은 일이고, 만약 그런 동료나 선배를 찾을 수 있다고 하더라도, 여러 사람들에게 조언과 정보를 듣는 것이 더 폭넓고 정확한 대안을 얻을 수 있는 보다 좋은 방법이기 때문이다. 또 클라크는 멘토가 자신보다 나이가 많고 현명해야 한다는 고정관념에서 벗어나야 한다고 말한다. 행크 필리피 라이언 Hank Phillippi Ryan이 자기 밑에서 일하는 인턴이 소설을 집필한 사실을 알고도 그런 고정관념에 빠져 있었다면, 그의 도움을 얻지도 에미상을 수상할 정도로 뛰어난 미스터리 작품을 쓰지도 못했을 것이다.

멘토는 최고 경영자에게도 필요한 존재이다. 높은 자리에 오르면, 과거에 한 번도 고민해보지 못했던 다양한 이슈들에 대해 가장 바람직한 의사 결정을 빠르게 내려야 한다. 잘못된 결정이나 때늦은 선택이 큰 대가로 이어질 수 있기 때문이다. 이런 위치에 있을수록 다양한 분야에서 조언해줄 수 있는 여러 멘토가 필요하다.

효과도 확실하다. 수잔 드 야나스Suzanne de Janasz 교수는 멘토로부터 지도와 조언을 받은 경험이 있는 최고 경영자 마흔다섯 명을 인터뷰한 결과, 열 명 가운데 일곱 명은 "멘토로부터 큰 도움을 받았으며, 그 결과로 회사의 성과도 높일 수 있었다"고 대답했다. "멘토 덕분에 큰 실수를 피할 수 있었고, 맡은 역할에 빨리 익숙해질 수 있었다"고 대답한 경영자들도 전체 응답자 가운데 84퍼센트를 차지했다. 최고 경영자의 멘토도 두 명 내지 세 명이 있는 것이 한 명만 있는 것보다 낫다. 멘토를 여럿 두는 것이 혼란을 가중시킬 수 있다고 우려하는 사람들도 있지만, 아무리 똑똑한 멘토라도 날이 갈수록 더 복잡해지는 세태를 혼자서 파악하기는 힘든 법이다.

직장이
사라지는 시대

일이 지닌 가치를 적절히 판단하고, 일과 적당한 거리를 유지하기 위해 고려해야 할 다른 요인도 있다. 바로 직원과 기업의 관계가 점점 변화하고 있다는 점이다. 스마트 워크가 기술적인 변화가 낳은 것이라면, 직원과 기업의 새로운 관계는 정치·경제적 변화에 따른 것이라고 할 수 있다. 더 구체적으로 말해, 이 변화는 다름 아닌 비정규직(파트타임 및 임시 근로자, 프리랜서 등)의 급격한 증가다.

당장 기업만 하더라도 더 이상 인재 육성에 잘 투자하지 않는다. 과거와 비교해봤을 때, 기업들이 채용에 쓰는 비용은 늘고 있지만, 직원을 교육하고 훈련하는 데 쓰는 비용은 줄고 있다. 기업은 직접 가르치지 않는다. 기업 입장에서는 당연한 일인지도 모른다. 환경이 빠른 속도로 변하고 그만큼 필요한 인재도 자주 바뀌는 상황에서, 회사 직원을 일일이 교육하는 것보다 외부에 있는 인력을 그때그때 채용하거나 전문 인력을 계약직의 형태로 활용하는 것이 유리하기 때문이다.

긱들이 몰려온다

미국에서도 정규직이 아닌 인력들이 크게 증가하면서 '긱 경제 gig economy'가 사회적인 이슈로 부상하고 있다. '긱 gig'은 1920년대 재즈 음악가들이 만든 용어로, 원래 재즈 공연을 의미한다. 그런데 자유롭게 활동하는 음악가들이 어느 집단에 속해 있는 대신 서로 모이고 흩어지면서 재즈 공연 하나를 완성하는 것처럼, 비정규직도 노동시장 안에서 특정한 곳에 소속되어 있지 않고 이동하기 때문에, 비정규직을 긱이라고 부르기 시작한 것이다. 특히 2016년 미국 대통령 선거의 유력한 후보 가운데 하나였던 힐러리 클린턴이 경제정책을 발표할 때

긱 경제를 언급한 뒤 한층 더 이슈화되었다. 당시에 힐러리 클린턴도 새로운 기회를 창출할 수 있다는 점에서 긱 경제를 높이 평가하는 한편으로, 긱 경제가 일자리를 보호하거나 좋은 일자리를 만드는 데 오히려 부정적인 효과를 미칠 수 있다는 점을 우려했다.

긱 경제가 주목을 받고 있는 이유는 비정규직이 단순히 고용 신분만을 의미하는 것이 아니라, 새로운 직업으로 부상하면서 전체 경제의 지형을 바꿀 수도 있다는 전망 때문이다. 특히 미국 경제에서 차지하는 비정규직의 규모는 엄청나다. 기업이 인건비 및 사무 공간에 쓰이는 비용을 축소하고, 빠르게 변해가는 시장 상황에 따라 인적 자원을 그때그때 민첩하게 활용할 수 있기를 기대하기 때문이다. 미국 기업들은 가급적 정규직을 채용하지 않고, 연속성이 없거나 복잡성이 낮은 일에는 비정규직을 대폭 활용하고 있다.

한 조직에 얽매이지 않고 시간을 보다 유연하게 사용하기를 원하는 개인들도 증가하고 있다. 고용 안정성과 복지 혜택을 포기하는 대신, 더 많은 수입과 다양한 경험을 선택하는 경우가 증가한 까닭이다. 구글의 직원들이 안정된 직장과 업계 최고의 복지 혜택을 버리고 프리랜서로 전향한 사례들이 뉴스에 등장하기도 한다.

미국의 노동 인력 가운데 약 34퍼센트인 5,300만 명이 비정규직으로 조사되고 있으며, 앞으로 그 비중은 더 늘어날 전망이다. 미국의 '프리랜서협회 Freelancers Unions'는 2014년에 실시한 조사에 근거해, 회사에 소속되지 않고 계약을 통해 프로젝트를 수행하는 인력이 미국 전체 인력의 25퍼센트라고 발표하기도 했다. 영국의 다국적 컨설팅 기업인 딜로이트 Deloitte가 430여 기업을 대상으로 실시한 조사에서도, '향후 5년 안으로 비정규직 채용을 확대할 것이다'라고 응답한 기업이 51퍼센트에 달했고, 따라서 앞으로도 더 많은 기업들이 외부의 인적 자원을 계약직의 형태로 활용할 것으로 보인다.

외부 인력들을 활용하는 사례들을 살펴보면, 구글과 인텔 Intel은 소비자들이 기술을 어떻게 평가하고 사용하는지를 연구하기 위해 사회과학자와 생체역학 전문가를 계약직으로 채용하고 관련 프로젝트에 참여시키고 있다.

AIG는 날씨 및 기후의 영향력을 분석하기 위해, 기업에 소속되지 않은 기상학자의 도움을 얻고 있다. P&G는 신제품을 개발하는 데 내부 직원들의 역량을 잘 활용할 뿐만 아니라, 단기 계약을 통해 외부 인재들을 시의적절하게 활용하는 것으로 유명하다. '스위퍼 더스터 Swiffer Dusters', '크레스트 스핀브러시 Crest Spinbrush', '올레이 리제너리스트 Olay Regenerist'가 외부 인재를 활용해 개발한 대표적인 제품들이다.

외부의 인적 자원을 활용하는 사례가 늘어나자, 기업에게 인력을 연결해주는 온·오프라인 기업도 증가하고 있다. 톱탈 Toptal과 10x 매니지먼트 10x Management는 고객의 요구에 적합한 전문 프로그래머나 디자이너와 같은 프리랜서를 검색하고 연결하는 서비스를 제공하고 있다. 톱탈은 에어비앤비 Airbnb, 파이저 Pfizer, JP모건 JP Morgan 등 2,000여 기업을 고객으로 보유하고 있고, 10x 매니지먼트는 구글, 이베이 e-bay 등 여러 기업에 외부 전문가를 공급하고 있다.

기업이 직접 프리랜서를 검색하고 채용하거나, 프리랜서가 기업의 프로젝트를 검색할 수 있는 온라인 사이트도 등장했다. '프리랜서 www.freelancer.com'에는 프로젝트가 1,600만 개 정도 등록되어 있고, 2019년 4월 기준으로 약 3,300만 명의 사용자가 가입되어 있다.

앞으로 기업들은 정규직과 계약직 직원들을 함께 관리하

는 '투 트랙' 인력 체계를 구축할 것으로 보인다. 예를 들어, 쓰리엠3M은 정규직과 계약직 직원에 대한 서로 다른 적합한 관리 체계를 구축하는 한편, 정규직과 계약직의 가장 알맞은 조합을 찾고 인력을 효율적으로 공급하기 위해 노력하고 있다. 계약직 직원의 수급 및 인력 관리를 전담하는 조직도 신설했다. 이 조직은 계약직 직원을 때맞게 공급하고, 직원들에 대한 조직 책임자들의 평가를 관리하는 역할을 수행하고 있다.

그러나 대다수 기업에게는 계약직 직원을 평가하고, 정규직과 계약직의 조직 문화를 새로이 개편하거나, 이 둘을 조정하고 관리하는 일이 앞으로 풀어나가야 할 숙제로 남아 있다. 상당수 기업들이 여전히 정규직 직원을 중심으로 운영되고 있고, 인사를 관리하는 팀도 아직까지는 계약직에 대한 경험과 이해가 부족하기 때문이다. 기업이 짧은 기간 동안 높은 전문성을 요구하는 프로젝트에 참여할 경우에는 계약직 직원들을 채용하고 있지만, 보통 그런 프로젝트는 일회성으로 끝나기 때문에, 기업은 인력을 관리하는 경험과 역량이 아직까지는 부족할 수밖에 없다.

따라서 프리랜서 같은 외부 인력을 대상으로 한 관리 시스템이나 조직의 필요성이 점차 높아질 것으로 보인다. 이 조직은 회사 밖에 있는 전문가들을 찾고 네트워크를 형성하는 한편, 적시에 이들을 현업에 공급하는 역할을 해야 한다. 네트워크를 구축하고 유지하기 위해, 회사의 고용 브랜드employer brand를 홍보하는 역할도 수행해야 한다.

프로젝트를 관리하고, 멘토 역할을 수행할 수 있는 자원도 필요하다. 인텔, 페이스북, 링크드인LinkedIn의 경우, 프로젝트를 관리하는 데 기술 분야 전문가들로 구성된 멘토십 프로그램을 활용하고 있다.

5장

가까이서 보면 비극,
멀리서 보면 희극

300 : 29 : 1

직원들을 혹독하게 대하던 임원이 있었다. 직원들 모두 그 임원 앞에서는 '예스맨'이었지만, 어느 누구도 그에게 가까이 다가가려고 하지 않았고, 뒤에서 좋게 평가하지도 않았다. 그런데 아랫사람 대하는 태도가 절대 변하지 않을 것만 같았던 임원이 어느 날부터 달라지기 시작했다. 직원들에게 그동안 "자신의 행동이 과했다"고 사과를 건네기까지 했다. 도대체 이 임원에게 무슨 일이 있었던 것일까?

임원의 태도가 바뀐 것은 다름 아닌 가족과 나눈 일상적인

233

대화 때문이었다. 직장인들 가운데 상당수가 악질적인 상사 때문에 회사를 떠난다는 뉴스를 보고, 딸이 "아빠는 회사에서 저런 상사는 아니지?" 하고 물어본 것이다. 누군가에게 한 대 얻어맞기라도 한 것처럼, 임원은 그런 상사가 아니라고 확답을 하지 못하고 어색하게 웃기만 했다. 이런 일이 있고 며칠 뒤에, 임원은 인사 팀으로부터 자신에 대한 부하 직원들의 평가가 담긴 결과지를 받았다. 결과는 참담했다. 딸과 나눈 이야기와 이 일을 계기로, 임원은 스스로를 돌아보고 자신의 행동에 문제가 있었다는 것을 깨닫게 되었다.

그러나 실제로는 이 임원과 같이 자신을 되돌아보는 사람은 극히 드물다. 문제가 있다는 것을 알면서 문제를 방치하는 사람들도 적지 않다. 심지어 어떻게 해야 하는지 알면서도, 행동으로 옮기지 않는 경우도 있다. 생각만 할 뿐 행동으로 옮기지 않으면, 그 생각은 금방 잊힌다. 또 어느 순간 문득 떠오른다고 하더라도 다시 생각만으로 끝날 것이다. 이렇게 생각만 하는 악순환이 반복되면, 문제를 문제로 인식하지 못할 정도로 무뎌지기 마련이다.

1920년대 보험회사 직원이었던 허버트 하인리히 Herbert

William Heinrich는 5,000여 건의 노동재해를 분석하다가 한 가지 통계 법칙을 발견했다. 대형 사고가 하나 발생하기까지는, 그 사고와 유사한 상황이 29번 생기고, 같은 원인으로 발생한 사소한 증상은 300번 발생한다는 것이다. 예를 들어, 만약 신호 위반으로 대형 교통사고가 발생한다면, 그와 유사한 중형 사고가 평균적으로 29건, 사고는 다행히 면했지만 사고를 일으킬 만한 위반 행위가 300번 안팎으로 일어난다는 것이다.

이 법칙은 처음에는 근로 재해의 영역에서만 사용되었지만, 최근에는 분야에 상관없이 재난이나 위험 또는 실패와 관련해 널리 응용되고 있다. 어느 일본의 대학 교수는 대형 사고나 멸망과 마찬가지로, 큰 실패가 있기까지도 수백 차례의 징후가 나타난다고 말한 바 있다. 잘 생각해보면, 이것은 비극적인 사고나 실패가 발생하기 전에 항상 어떤 신호가 존재하고, 그 신호를 분석하고 파악해 사전에 큰 사고를 예방하는 것이 가능하다는 의미이기도 하다.

그러나 모든 사람이 이런 신호를 파악했다면, 대형 사고는 일어나지 않을 것이다. 대형 사고는 해마다 발생하고, 대다수 사람들은 그 징후를 읽어내지 못한다. 작은 균열들이 한순간

235

에 자신과 주변을 무너뜨릴 것이라고 미처 생각하지 못하는 것이다. 일상에서도 마찬가지다. 우리는 하루에도 수십 번 작은 실수를 저지르지만, 그것을 크게 의식하지 못하고 기억에 묻어버린다.

기술과 인터넷의 발달로 상황이 조금은 달라졌을지도 모른다. 우리는 지식과 정보의 홍수 속에서 살고 있고, 이제는 정보가 없어 문제라기보다 지나치게 많은 정보가 문제가 되는 사회에 살고 있다. 과거에 비해 어떤 사고와 그것을 둘러싼 여러 문제에 대해 더 쉽게 접근할 수 있게 되었다는 것은 분명 사실이다. 미국 팝아트의 선구자인 앤디 워홀Andy Warhol은 미래에는 모든 사람이 15분 동안 세계적으로 유명해질 수 있다고 말했지만, 워홀이 죽고 수십 년이 지난 지금은 누구나 15분 동안 전문가 행세를 할 수 있는 시대에 더 가깝다. 그러나 이런 시대라고 하더라도, 정작 자신이 어떤 문제를 안고 있고 무엇이 부족한지 아는 사람은 드물다. 이것을 알아내려고 노력하는 사람 또한 소수다.

이것은 우리가 남을 평가하고 비난하는 데에만 익숙할 뿐, 자기 자신을 성찰하는 것에는 아직 익숙지 않기 때문일 것이다. 그렇기 때문에, 시선을 자꾸 밖으로 돌리기보다 자신을 향

하도록 의도적으로 노력하는 것이 우선이다. 먼저 자신에게 이런 질문들을 던져보는 일이 필요하다.

'타인들에게 나는 어떤 존재일까?'

'나는 동료와 어떤 관계를 유지하고, 어느 정도의 거리를 유지하고 있을까?'

'나 자신은 상처를 주는 사람에 가까울까? 상처를 받는 사람에 가까울까?'

'나도 일에 지배당하고 있지는 않을까? 일을 잘 통제하고 있는 것일까?'

하인리히의 법칙처럼, 자신의 평소 모습에 집중해 문제가 생길 수 있는 단서를 찾아내는 것이 중요하다. 물론 쉬운 일은 아니다. 자신의 문제를 알아냈다고 하더라도, 그것을 변화시키기 위해 노력하는 것은 또 다른 어려운 문제다. 또 노력하는 사람일지라도, 모든 문제를 해결하기 위해 노력하지는 않을 수도 있고, 그러지 못할 수도 있다.

문제를 대하는 태도는 적어도 세 가지로 나눌 수 있는데,

4피트

먼저 문제가 있다는 사실을 납득하지 않는 태도가 있다. 옆에서 누군가가 가끔씩 무례한 말을 한다고 지적하더라도, 그것을 단순한 오해로 치부하거나 전혀 문제로 여기지 않는 것이다. 이런 경우에는 큰 충격을 받지 않은 한, 변화를 위한 의지 자체가 생기기 어렵다.

두 번째는 버티는 태도다. 뒤늦게 문제를 알아차리기는 했지만, 스스로 반성하거나 해결하기 위해 행동으로 옮기지는 않는 것이다. 이런 태도를 자주 고수하는 사람들은 이렇게 회피하고 미루다 결국 커다란 위기가 닥치고 나서야 후회하고는 한다. 때때로 자신이 비도덕적으로 행동한다는 것을 스스로 알고 있으면서도, 자신만 그렇게 행동하는 것은 아니라고 생각하고는 문제를 묻어두는 것을 예로 들 수 있다.

마지막은 적극적으로 변화하려고 노력하는 태도다. 이 태도를 가진 사람들은 자기 자신에 대한 성찰을 넘어, 주변 사람들에게 자신이 어떻게 비치는지도 자주 질문한다. 그렇게 할 때 비로소, 다른 사람들의 눈을 통해 문제를 보다 정확히 판단할 수 있고, 자신이 어떤 고민을 가지고 있는지 주변 사람들과 함께 공유할 수도 있기 때문이다. 더 나아가 도움을 받을 가능성도 커진다.

그러나 어떤 태도를 가지고 있든지, 변화가 필요하다는 것을 인식했다면 조금이라도 빨리 실행으로 옮겨야 한다. 상황에 적응하는 데 능숙한 우리의 뇌는 어떤 문제에 맞닥뜨리든 시간이 지날수록 빠르게 굳어지기 때문이다.

실패에서
배우기

피터 마드센Peter M. Madsen과 비닛 데사이Vinit Desai는 로켓을
쏘아 올리는 우주 비행이 성공할지 실패할지를 예측할 수 있
는 좋은 방법이 없는지 고민했다. 그들은 1960년부터 2010년
까지 정부와 민영기업이 로켓을 쏘아 올린 4,000여 건의 사례
들을 모두 찾았고, 그 자료들로부터 놀라운 사실 한 가지를 알
아냈다. 바로 정부나 기업이 로켓을 발사하는 데 더 많이 실패
할수록, 그다음 로켓을 발사할 때 성공할 확률이 높아졌다는
점이었다. 성공한 정부나 기업이 로켓을 쏘아 올리는 데 성공

241

5장 | 가까이서 보면 비극, 멀리서 보면 희극

할 가능성이 더 크다고 생각할 만도 하지만, 결과는 그 반대였던 것이다. 어떻게 이런 일이 있을 수 있었을까?

그들은 또 다른 사실에 주목하면서, 어떻게 이런 일이 일어나는지를 분석할 수 있었다. 그 사실이란, 정부나 기업이 로켓을 발사하는 데 자주 실패할 뿐만 아니라, 그 실패의 규모가 클수록 그다음 발사에서 성공할 확률이 높아졌다는 것이었다. 이런 사례들을 추적하는 동안, 연구자들은 로켓을 발사한 과학자들이 성공했을 때보다도 실패했을 때 더 많이 배웠을 뿐만 아니라, 실패가 작을 때보다 클 때 더 많이 배웠다는 것을 깨달았다. 과학자들은 성공한 경우보다 실패한 경우에, 그리고 더 큰 실패를 한 경우에 원인을 더욱 면밀히 분석하기 때문이다. 이것이 실패에서 배우도록 권하는 조직이 그렇지 않은 조직보다 좋은 성과를 거두는 이유이고, 실수를 잘 공유하는 집단일수록 실수를 저지를 가능성이 더 낮은 이유다.

물론 똑같은 실수를 반복하라는 말은 아니다. 기업 고객을 비롯한 여러 기업들과 공유하는 인트라넷에 프로젝트와 관련한 사적인 감정이 담긴 제목을 달아 자료를 올린 직원이 있었다. 실수한 직원은 미처 제목을 바꾼다는 것을 기억하지 못했을 수도 있고, 폴더 제목을 다시 한 번 확인하지 못할 정도로 바빠 정신이 없었을 수도 있다. 이것과 똑같은 실수는 아니더라도, 이런 터무니없는 실수는 사실 누구나 할 수 있고 실제로 여러 차례 저지르기도 한다. 다만 누군가가 그 실수를 먼저 알아보고 수정을 권하기 때문에, 큰 문제로 불거지지 않는 경우가 많을 뿐이다.

그러나 이런 실수를 반복하는 것은 눈감아주기 힘들다. 한 블록 떨어진 다른 기업에서 어떤 신입이 같은 실수를 반복하는 것은 이해하고 용서할 수 있지만, 당장 자기 아랫사람이 똑같은 실수를 반복할 경우에는 모른 체하고 넘어가기 어려운 것이 현실이다. 반복해 저지르는 실수에 대해서는 때때로 엄격하게 가르칠 필요가 있고, 스스로도 경계할 필요가 있다.

문제는 우리 사회가 똑같은 실수에 대해서 엄격할 뿐만 아니라, 모든 실수와 실패에 대해 엄격하다는 점이다. 실패를 실력이 없다는 증거로 받아들이는 문화 안에서는, 사람들은 성공을 과시하고 포장하는 데 반해 실패는 왜곡하고 감춘다. 이것은 장기적으로 부작용을 낳을 수밖에 없다. 독창성이 점점 중요해지고 있는 세계 경제의 흐름 안에서는 특히 좋지 않다. 실패에 대한 두려움이 커질수록, 튀는 행동을 하려는 사람들이 더 줄어들고, 다수를 따라 행동하려는 경향은 더 강해지기 때문이다. 실패를 두려워하는 사회 안에서는 사람들이 커다란 거리낌 없이 체 게바라Che Guevara가 그려져 있는 티셔츠를 입고 다니면서도, 정작 누구도 작은 위험조차 감수하려고 하지 않는다.

실수하고 실패하는 데 지나치게 엄격한 문화 안에서 성장한 개인들이 실수나 실패를 잘 받아들일 리도 없다. 이런 문화 속 사람들은 자신이 저지른 실수를 배울 수 있는 기회라고 생각지 않고, 개인적인 능력의 문제로 치환한다. 누구도 자기가 능력이 부족하다고 떠벌리고 싶어 하지는 않을 것이다. 이것은 실패를 공유하지 못하도록 만들고, 다시 실패로부터 배울 수 있는 기회를 줄인다. 실패를 공유하는 기회가 줄어들기 때문에 서로 다른 직원이 똑같은 실수를 반복하고, 실패를 면밀히 분석할 기회가 사라지기 때문에 실패를 딛고 발전하지도 못하는 악순환에 빠진다.

비슷한 상황에서 벗어나기 위해, 킴 말론 스콧Kim Malone Scott은 회의에 원숭이 인형을 가지고 들어갔다. 스콧은 구글 직원들에게 스스로 한 주 동안 저지른 실수를 공유하도록 격려했고, 투표를 통해 가장 큰 실수를 선정했다. 직원들도 이 시간을 즐겼고, 이 방법으로 크고 작은 여러 실수를 공유할 수 있었다.

프린스턴 대학교의 요하네스 하우쇼퍼 Johannes Haushofer는 조금 다른 방법으로 문제 상황을 바라봤다. 동료 과학자들에게 조금 더 솔직하게 이력서를 작성하라는 멜라니 스테판 Melanie Stefan의 기사로부터 영향을 받아, 하우쇼퍼는 자신의 실패 이력서를 작성해 웹사이트에 올렸다. 대학원에 원서를 넣었다가 떨어진 경험, 원하는 교수 자리에 지원했다가 실패했던 경험, 논문이 거절당해 게재하지 못했던 경험, 장학금을 받지 못하고 연구비를 신청했지만 거절당한 경험과 그 밖의 여러 실패 경험들을 동료 과학자들이나 학생들을 위해 공유했다. 하우쇼퍼는 자신이 속해 있는 집단이 바뀔 때까지 기다리는 대신, 스스로 집단이 바뀌는 데 아주 작은 보탬이라도 되기를 바란 것이다. 실패 이력서는 분명 이 바람을 성취했다.

삼진이어도
헛스윙

도요타 Toyota의 도요타 아키오 豊田章男 사장은 평소에 직원들에게 이렇게 말하고는 했다. "타자가 타석에 섰을 때, 헛스윙으로 삼진을 당하는 것은 괜찮지만, 방망이를 한 번도 휘두르지 않고 삼진을 당하는 것은 결코 용납할 수 없다." 아키오 사장은 우리가 시행착오로 배울 수밖에 없다는 사실을 다시 한 번 일깨우고, 실패할지라도 결국 행동하는 것이 중요하다고 강조한 것이다. 실패로부터 배울 수는 있지만, 행동하지 않는다면 우리는 아무것도 배우지 못한다.

그러나 행동으로 옮기는 것은 하루하루가 지날수록 점점 힘들어진다. 자전거 타는 것을 예로 들어보자. 아이들은 성인들보다 자전거 타는 것을 쉽고 빠르게 익힌다. 어린이들은 보조 바퀴가 달린 자전거를 타다가 속도를 조금 낼 줄 알게 되면, 보조 바퀴를 떼어 스스로 균형을 잡고 자전거를 탄다. 쉽게 익숙해지지 못하는 아이들도 뒤에서 몇 번 잡아주면 금세 두 발 자전거를 탄다. 물론 처음 두 발 자전거를 탈 때는, 균형을 못 잡아 비틀거리기도 하고 자주 넘어지기도 한다. 그러나 이런 과정을 지나, 아이들은 두 발 자전거를 곧잘 탄다.

한편 어른이 되어 자전거를 배우는 것은, 배우는 사람에게나 가르치는 사람에게나 아주 힘든 일이다. 단지 어른이 어린이보다 배움이 더디기 때문만은 아니다. 그보다는 어른들이 지금까지 다른 영역에서 실패한 경험들까지 같이 떠올리기 때문이라고 할 수 있다. 그래서 페달에 두 발을 쉽게 올리지 못하는 것이다.

물론 마음가짐으로 이것을 극복할 수도 있다. "비관론자 가운데 별의 비밀을 발견하고, 미지의 땅을 항해하고, 인간 정신의 새 지평을 연 사람은 없다"는 헬렌 켈러Helen Keller의 말을 따라, 낙관을 품고 앞으로 나아갈 수 있다. 행동을 바꾸기 위해, 의지를 다시 한 번 가다듬고 실패를 두려워하지 않는 용기를 가질 수도 있다.

그러나 마음만으로 두려움을 극복하는 것은 결코 쉬운 일이 아니다. 이것이 우리가 새해에 다짐한 것들을 그토록 지키지 못하는 이유다. 마음에 덧붙여, '경험'을 쌓아야 한다. 완벽하지 않더라도, 작은 성취들을 쌓아야 한다. 남들이 사소한 것을 두고 '성취'라고 부른다고 비웃을지라도, 그 작은 경험들을 기억하고 기록해야 한다. 이런 경험 없이 스스로 '할 수 있다'고 천 번 되뇌는 것과, 아무리 작더라도 작은 성취 한 번을 쥐고서 '할 수 있다'고 천 번 되뇌는 것은 다르다.

리우 올림픽 때, 남자 펜싱 결승전에서 박상영 선수는 헝가리 선수이자 세계 랭킹 3위인 제자 임레 Geza Imre에게 13 대 9로 밀리고 있었다. 마지막 라운드만 남겨놓은 짧은 휴식 시간, 박상영 선수가 혼잣말로 중얼거리는 모습이 방송국 카메라에 잡혔다.

"할 수 있다."

"그래, 할 수 있다."

마지막 라운드가 시작하고, 박 선수는 다시 14 대 10으로 벼랑 끝에 내몰렸다. 그러나 이때부터 그 짧은 다짐처럼 기적

같은 대역전이 일어났다. 연이어 4점을 획득해, 14 대 14 동점까지 만든 박 선수는 기어코 1점을 더 보태 14 대 15로 우승을 따낸 것이다.

감독조차 패배를 짐작해 고개를 떨어뜨리고 있을 때, 박상영 선수가 스스로를 격려하고 다시 일어설 수 있었던 이유가 무엇이었을까. 나는 그 이유가 단순히 마음가짐에 있다고 생각하지는 않는다. 박 선수를 다시 일으켜 세운 것은, 감독조차도 보지 않는 곳에서 박 선수가 끊임없이 훈련해 쌓아올린 작은 성취들이었을 것이라고 믿는다.

의지도 마찬가지다. 의지도 행동력처럼 마음에서 나오기도 하지만, 경험에서 나오기도 한다. 하버드 대학교의 테레사 애머빌Teresa M. Amabile 교수도 3년 동안 300여 명을 연구해, 실험 참여자들이 스스로 조금씩 전진하고 있다고 믿을 때 가장 커다란 동기부여가 이루어진다는 것을 입증한 바 있다.

정치심리학자인 존 조스트John Jost와 연구 팀은 주어진 환경과 조건이 마음에 들지 않을 때 집단에 따라 사람들이 어떻게 반응하는지를 살펴봤다. 결과는 우리 상식과 정면으로 충돌했다. 최고 소득 계층보다 최저 소득 계층에 속한 사람들이 경제적 불평등이 필연적인 것이라고 생각할 확률이 17퍼센트나 더 높았던 것이다. 다시 말해, 경제적으로 더 고통스러운 위치에 처해 있는데도 불구하고, 더 많은 최저 소득 계층이 최고 소득 계층보다 사회·경제적 구조를 바꿀 수 없다고 생각하는 것이다.

상식과 배치되는 결론은 경제 영역에만 국한되지 않았다. '국가 차원에서 문제를 해결하기 위해 정부를 비판하거나 비난하는 언론을 통제하고 시민권을 제안하는 법이 필요해진다면, 이런 법을 지지하겠는가?' 하는 설문에서도, 언론의 자유를 포기하겠다고 답한 쪽은 최고 소득 계층보다 최저 소득 계층에 속한 사람들이 더 많았다. 이것이 단지 경제적 상황에만 따른 것이라고 생각지 않은 조스트는 다음과 같이 결론을 내렸다. "주어진 여건에서 가장 고통을 받는 사람들이 그 여건에 의문을 제기하고 상황을 바꾸려고 할 가능성이 가장 낮다는 모순된 결과를 얻었다." 조스트는 이 역설적인 현상에 대한 이론을 '체제 정당화 이론theory of system justification'이라고 이름 붙였다.

체제 정당화 이론을 기업과 직원의 관계에도 적용할 수 있다. 이 이론을 기업과 직원의 관계로 확장한다면, 다음과 같은 결론을 떠올릴 수 있다. '직장에서 일정 수준 이상으로 고통을 받고 있는 직원은 문제를 제기하거나 그 직장의 환경을 바꾸고자 노력하는 대신, 오히려 현상 유지를 더 지지하고 현재 업무 환경과 조직의 상황을 바꿀 수 없다고 인식할 가능성이 더 크다.' 그렇다면 고통에서 도피해야 할 때 반대로 그 고통을 합리화하는 상황을 막기 위해서는 어떻게 해야 할까? 다시 말해 변화가 필요하다는 생각을 제때 행동으로 옮기기 위해서는 어떻게 해야 할까?

한 가지 좋은 방법은 스스로 절박한 이유를 명확하게 인식하는 것이다. 경영 전문가인 린 앤더슨Lynne Andersson과 토머스 베이트먼Thomas Bateman은 관리자들과 직원들 수백 명을 조사해, 환경문제를 공론화하는 데 성공한 경우와 실패한 경우를 비교했다. 결과는 그 둘이 커다란 차이가 없었다는 것이다. 환경 문제를 이야기할 때, 그들이 표출한 감정이나 표현과 논리는 비슷비슷했다. 그러나 그 두 경우 사이에는 적어도 한 가지 차이가 있었는데, 바로 '절박함'이었다. 공론화에 성공한 운동가들은 다른 사람들을 설득하는 데, 왜 지금 당장 환경 문제를 다루어야만 하는지를 분명히 밝혔다.

5장 | 가까이서 보면 비극, 멀리서 보면 희극

하버드 대학교의 존 코터 John Kotter 교수도 비슷한 결론에 도달하고, 다음과 같이 말했다. "사람들은 절박감을 느끼지 않으면 희생을 하려고 하지 않는다. 오히려 사람들은 현재 상태에 매달리고 저항한다." 코터가 제도에 커다란 변화를 도입하려는 기업들 100여 개를 조사한 결과, 기업도 사람과 크게 다르지 않았다. 이것은 절박한 이유를 늘 염두에 두고 있다면, 기업이나 직원이나 고통받는 상황을 합리화하거나 변화가 필요한 상황을 회피하지 않을 수 있다는 말이기도 하다.

뉴욕 시 한가운데 칠판 하나가 세워졌다. 칠판 맨 위에는 다음과 같은 글이 적혀 있었다. '당신이 가장 크게 후회하는 것이 무엇인지 써주세요 Write your biggest regret.' 한 연구 팀이 여기에 적힌 수백 가지 대답을 분석한 결과, 공통점이 하나 드러났다. 무엇을 행동으로 옮기고 나서 후회하는 경우는 거의 없었다는 것이다. 칠판을 가득 채우고 있는 것은 그 반대였다. 칠판에 쓰인 대다수 글은 자신이 무언가를 행동으로 옮기지 못한 것을 후회하고 있었다.

참고 문헌

- 권석만,《젊은이를 위한 인간관계의 심리학》, 학지사, 2017.
- 장연집,《현대인의 정신건강》, 학지사, 2006.
- 애덤 그랜트, 홍지수 옮김,《오리지널스*Originals*》, 한국경제신문사, 2016.
- 애덤 그랜트, 안기순 옮김,《옵션 B*Option B*》, 와이즈베리, 2017.
- 김대현, 〈한국사회에서 무시의 유형에 따른 반응의 차이 연구〉, 중앙대학교 대학원, 2018.
- 김소형, 〈직장인의 자아존중감 및 성인애착이 대인관계문제에 미치는 영향〉, 동국대학교, 2011.
- 임만수·김용백·조종식, 〈직장 내 대인관계능력이 결과행위에 미치는 영향에 관한 연구〉, 경영논총, 32, 동아대학교 경영문제연구소, 2011.
- 전주언, 〈브랜드 애착과 대인관계의 삼각관계: Heider 균형이론의 적용〉, 중앙대학교 대학원, 2009.
- 정남운, 〈대인관계 원형모델에 따른 한국판 대인관계 형용사척도의 구성〉, 한국심리학회지 상담 및 심리치료, 16(1), 한국심리학회, 2014.
- 정남운, 〈대인관계 형용사척도 (KIAS-40) 타당화 연구〉, 한국심리학회지 상담 및 심리치료, 17(3), 한국심리학회, 2005.
- 조범상, 〈지시에 의해 움직이는 조직, 스스로 일하는 조직〉, LG Business Insight, 5월, LG경제연구원, 2013.
- 조범상, 〈무기력을 극복하고 내 안의 열정을 깨워라〉, LG Business Insight, 4월, LG경제연구원, 2018.
- 최병권·원지현, 〈'직장 내 가십' 가볍게 넘길 대상 아니다〉, LG Business Insight, 11월, LG경제연구원, 2012.
- 홍대식, 〈대인관계의 균형에 대한 새로운 이론적 접근〉, 한국심리학회지 사회 및 성격, 1(1), 한국심리학회, 1982.

- Goleman, D. *Social Intelligence*, Bantam Books, 2006.
- Hall, E. T. *The Hidden Dimension*, Anchor, 1990.
- Rosenberg, M. *Society and adolescent self-image*, Princeton, NJ: Princeton University Press, 1965.
- Amabile, T., Kramer, S. "What Makes Work Worth Doing?", *Harvard Business Review*, August, 2012.
- Argyle, M., Dean, J. "Eye-contact, distance and affiliation", *Sociometry*, 1965.
- Baumeister, R. F., Campbell, J. D., Krueger, J. I., Vohs, K. D. "Does high self-esteem cause better performance, interpersonal success, happiness, or healthier lifestyles?", *Psychological science in the public interest*, 4(1), 2003.
- Beard, A., Krumer, A. "Women Respond Better Than Men To Competitive Pressure", *Harvard Business Review*, November-December, 2017.
- Buell, R. W., Kim, T., Tsay, C. J. "Cooks make tastier food when they can see their customers", *Harvard Business Review*, November, 2014.
- Clark, Dorie. "Your career needs many mentors, not just one", *Harvard Business Review*, April, 2017.
- de Janasz, S., Peiperl, M. "Managing yourself: CEOs need mentors too", *Harvard Business Review*, 96(4), 2015.
- Einarsen, S. "The Negative Acts Questionnaire: Development, validation and revision of a measure of bullying at work", *In Proceedings of the 10th European Congress on Work and Organisational Psychology*, Prague, May, 2001.
- Goler, L., Gale, J., Harrington, B., Grant A. "The 3 things employees really want: career, community, cause", *Harvard Business Review*, February, 2018.
- Hayduk, L. A. "Personal space: An evaluative and orienting overview", *Psychological Bulletin*, 85(1), 1978.

4피트

- Hayduk, L. A. "Personal space: Understanding the simplex model", *Journal of Nonverbal Behavior*, 18(3), 1994.
- Kelley, H. H. "The warm-cold variable in first impressions of persons", *Journal of personality*, 18(4), 1950.
- Levy, S. R., Ayduk, O., Downey, G. "The role of rejection sensitivity in people's relationships with significant others and valued social groups", In M. R. Leary (Ed.), *Interpersonal rejection*. New York, NY: Oxford University Press, 2001.
- Liviatan, I., Trope, Y., Liberman, N. "Interpersonal similarity as a social distance dimension: Implications for perception of others' actions", *Journal of experimental social psychology*, 44(5), 2008.
- Valcour, M. "Beating Burnout", *Harvard Business Review*, November, 2016.
- Vallerand, R. J., Blanchard, C., Mageau, G. A. et al. "Les passions de l'ame: on obsessive and harmonious passion", *Journal of personality and social psychology*, 85(4), 2003.
- Williams, K. D., Govan, C. L., Croker, V., Tynan, D., Cruickshank, M., Lam, A. "Investigations into differences between social and cyberostracism", *Group Dynamics: Theory, Research, and Practice*, 6(1), 2002.

4피트

1판 1쇄 인쇄 2019년 4월 18일
1판 1쇄 발행 2019년 4월 25일

지은이 조범상

발행인 양원석
편집장 김효선
책임편집 이종석
디자인 RHK 디자인팀 박진영, 김미선
제작 문태일
영업마케팅 최창규, 김용환, 정주호, 양정길, 이은혜, 조아라,
　　　　　신우섭, 유가형, 임도진, 김유정, 정문희, 신예은

펴낸 곳 ㈜알에이치코리아
주소 서울시 금천구 가산디지털2로 53, 20층 (가산동, 한라시그마밸리)
편집문의 02-6443-8868　**구입문의** 02-6443-8838
홈페이지 http://rhk.co.kr　**등록** 2004년 1월 15일 제2-3726호

ⓒ 조범상, 2019, Printed in Seoul, Korea

ISBN 978-89-255-6641-2 (03320)